J. Krishnamurti

frei sein!

Weitere Titel im selben Verlag:

IDEAL UND WIRKLICHKEIT
Gedanken zum Leben I

*

KONFLIKT UND KLARHEIT
Gedanken zum Leben II

*

VERSTAND UND LIEBE
Gedanken zum Leben III

*

REVOLUTION
DURCH MEDITATION

*

AUTORITÄT
UND ERZIEHUNG

*

SCHÖPFERISCHE FREIHEIT

HUMATA VERLAG

Gedanken zum Leben

Aus den Tagebüchern von

J. Krishnamurti

herausgegeben von D. Rajagopal

3 Bände
mit insgesamt 202 Kapiteln

Jedes Kapitel behandelt anhand einer Begegnung mit Menschen und ihren Problemen und Konflikten Grundfragen und Lebensprobleme, wie sie sich jedem Menschen stellen.

Krishnamurti philosophiert nicht im Abstrakten. Er führt anhand alltäglicher Beispiele und Begegnungen zu einer neuen Geisteshaltung, zu einer neuen Art der Anschauung des Ich und der Umwelt:

»Das bloße Erkennen der Tatsache, daß die Mauern fallen müssen, ist schon genug. Jeder Versuch, sie abzubrechen, setzt unser Verlangen nach dem Erreichen und Gewinnen in Bewegung und führt zum Konflikt der Gegensätze.
Es ist an sich genug, das Falsche als falsch zu sehen; denn diese Erkenntnis wird unseren Sinn von dem Falschen befreien.«

J. KRISHNAMURTI

frei sein!

HUMATA VERLAG HAROLD S. BLUME

AUSLIEFERUNG

HUMATA BÜCHER
LEBENS BÜCHER

Deutschland
Humata / Schwabe GmbH, 61286 Bad Homburg, Postfach 1645
TEL 06172 / 2 11 75 - FAX 06172 / 2 15 44

Österreich
Humata / Koppitsch, 5020 Salzburg, Bergstr. 16
TEL. 0662 / 87 35 67

Schweiz und andere Länder
Humata Verlag CH - 3000 Bern 6
TEL 031/ 352 46 00 - FAX 031 / 351 62 55

*

*

FREI SEIN
3. Auflage

ISBN 3-7197-0378-9
Interner Verlagscode 9-429-32-7

Aus dem Englischen übersetzt von Erich Schmidt
Titel der Originalausgabe: «The Urgency of Change»

INHALT

GEWAHRSEIN

Frager: Ich würde gerne wissen, was Sie unter Gewahrsein verstehen, denn Sie haben Gewahrsein oft als das bezeichnet, womit sich Ihre Lehre vornehmlich befaßt. Ich habe es zu verstehen versucht, indem ich Ihren Reden zuhörte und Ihre Bücher las, aber anscheinend komme ich damit nicht voran. Ich weiß, daß es sich nicht um eine Übung handelt, und ich verstehe, warum Sie mit solchem Nachdruck jede Art von Praxis, Drill, Disziplin oder Routine ablehnen. Ich erkenne, wie wichtig es ist, das zu verstehen, denn sonst wird es mechanisch, und der Geist wird schließlich träge und stumpf. Wenn es erlaubt ist, würde ich gerne mit Ihnen zusammen diese Frage bis ins Letzte erforschen, was es bedeutet, gewahr zu sein. Sie scheinen diesem Wort eine besondere Bedeutung zu geben, doch scheint es so, als seien wir jederzeit dessen *gewahr,* was vor sich geht. Wenn ich ärgerlich bin, weiß ich es, wenn ich traurig bin, weiß ich es, und wenn ich glücklich bin, weiß ich es.

Krishnamurti: Ich möchte wissen, ob wir wirklich des Ärgers, der Traurigkeit, des Glückes bewußt sind? Oder werden wir uns dieser Dinge erst bewußt, wenn sie vorüber sind? Wir wollen beginnen, als ob wir darüber überhaupt nichts wissen; so können wir ganz von vorne anfangen. Wir wollen keinerlei Behauptungen aufstellen, weder dogmatische noch feinsinnige, doch lassen Sie uns diese Frage erforschen, die, wenn man wirklich tief in sie eindringt, einen ungewöhnlichen Zustand offenbaren würde, den der Geist wahrscheinlich nie zuvor erreicht hat, eine Dimension, unberührt vom Oberflächenbewußtsein. Wir wollen bei der Oberfläche beginnen und uns durcharbeiten.

Wir sehen mit unseren Augen, wir nehmen mit unseren Sinnen die Dinge um uns wahr – die Farbe der Blume, den Kolibri über der Blume, das Licht dieser Kalifornischen

Sonne, die tausend Geräusche verschiedener Art und Dichte, die Tiefe und die Höhe, den Schatten des Baumes und den Baum selbst. In der gleichen Weise empfinden wir unsere eigenen Körper, die die Instrumente dieser verschiedenen Arten äußerer, sinnenhafter Wahrnehmungen sind. Wenn diese Wahrnehmungen auf der äußeren Ebene verblieben, gäbe es überhaupt keine Verwirrung. Diese Blume, dieses Stiefmütterchen, diese Rose sind da – und das ist alles. Da gibt es keine Bevorzugung, keinen Vergleich, keine Neigung oder Abneigung, sondern nur das Ding vor uns ohne jede psychologische Verknüpfung. Ist dieses ganze äußerliche sinnenhafte Wahrnehmen oder Gewahrsein völlig klar? Es kann unter Anwendung der vielen Instrumente moderner Technologie bis zu den Sternen ausgedehnt werden, bis in die Tiefe der Meere und bis zu den äußersten Grenzen wissenschaftlicher Beobachtung.

Frager: Ja, ich glaube das zu verstehen.

Krishnamurti: Sie sehen also, daß die Rose und das ganze Universum mit den Menschen darin – Ihre Frau, wenn Sie eine haben, die Sterne, die Meere, die Berge, die Mikroben, die Atome, die Neutronen, dieser Raum, die Tür – wirklich da sind. Nun zum nächsten Schritt: Was Sie über diese Dinge denken oder was Sie darüber empfinden, ist Ihre psychologische Reaktion darauf. Und das nennen wir Denken oder Gefühl. So ist das Oberflächenbewußtsein eine sehr einfache Angelegenheit: die Tür ist da. Aber die Beschreibung der Tür ist nicht die Tür, und wenn Sie gefühlsmäßig auf die Beschreibung reagieren, sehen Sie die Tür nicht. Diese Beschreibung mag ein Wort oder eine wissenschaftliche Abhandlung oder eine stark gefühlsbedingte Reaktion sein; nichts von diesem allen ist die Tür selbst. Es ist äußerst wichtig, das von Anfang an zu verstehen. Wenn wir das nicht verstehen, werden wir in immer größere Verwirrung geraten. Die Beschreibung ist niemals das Beschriebene. Obgleich wir jetzt im Augenblick etwas beschreiben – und das müssen wir –, ist unsere Beschreibung nicht das Ding, das wir beschreiben. Bitte bedenken Sie das während unseres ganzen Gesprächs. Verwechseln Sie das Wort niemals mit dem Ding, das beschrieben wird. Das Wort ist niemals das Wirkliche, und wir verfallen leicht diesem Irrtum, wenn wir zu der nächsten Stufe des Bewußtseins kommen, wo es persönlich wird und das Wort unser Gefühl berührt.

Es gibt also das äußere Bewußtsein des Baumes, des Vogels, der Tür, und es gibt die Reaktion darauf, und das ist Denken, Empfinden, Gefühlsregung. Wenn wir nun dieser Reaktion gewahr werden, mögen wir das eine zweite Ebene des Gewahrseins nennen. Da ist die Wahrnehmung der Rose und die Wahrnehmung der Reaktion auf die Rose. Oft sind wir dieser Reaktion nicht bewußt. In Wirklichkeit ist es das gleiche Bewußtsein, das die Rose sieht und das die Reaktion sieht. Es ist *eine* Bewegung, und es ist falsch, über das äußere und das innere Bewußtsein zu sprechen. Wenn der Baum rein visuell wahrgenommen wird, ohne jede psychologische Verknüpfung, gibt es in dieser Beziehung keine Trennung. Wenn aber eine psychologische Reaktion auf den Baum folgt, ist diese Reaktion eine bedingte, es ist die Reaktion vergangener Erinnerung, früherer Erfahrungen, und diese Antwort ist eine Spaltung in der Beziehung. Diese Reaktion ist die Geburt dessen, was wir als das «Ich» in der Beziehung bezeichnen und als das «Nicht-Ich». Auf diese Art ordnen Sie sich in die Welt ein. Damit erzeugen Sie das Individuum und die Gemeinschaft. Die Welt wird nicht gesehen, wie sie ist, sondern in ihren verschiedenen Beziehungen zu dem «Ich» der Erinnerung. In dieser Teilung lebt und gedeiht alles das, was wir unser psychologisches Sein nennen, und daraus entsteht jeder Widerspruch und jede Einteilung. Erkennen Sie das in aller Klarheit? Wenn der Baum wahrgenommen wird, gibt es keine Bewertung. Aber wenn wir den Baum reaktiv sehen, wenn der Baum mit Zuneigung und Abneigung beurteilt wird, dann findet in dieser

Wahrnehmung eine Aufteilung als «Ich» und «Nicht-Ich» statt, wobei das «Ich» von dem beobachteten Ding unterschieden ist. Dieses «Ich» ist in seiner Beziehung die Reaktion vergangener Erinnerung, früherer Erfahrungen. Ist nun eine Wahrnehmung, eine Betrachtung des Baumes ohne jedes Urteil möglich, und kann es eine Betrachtung der Antwort, der Reaktionen ohne jedes Urteil geben? Auf diese Art entwurzeln wir das Prinzip der Teilung, das Prinzip des «Ich» und des «Nicht-Ich», sowohl im Schauen auf den Baum als auch im Schauen auf uns selbst.

Frager: Ich versuche Ihnen zu folgen. Lassen Sie uns sehen, ob ich es richtig mitbekommen habe. Da ist eine Wahrnehmung des Baumes, das verstehe ich; da ist eine psychologische Reaktion auf den Baum, das verstehe ich auch. Die psychologische Reaktion setzt sich aus vergangenen Erinnerungen und früheren Erfahrungen zusammen, aus Neigung und Abneigung, es ist die Einteilung in den Baum und das «Ich». Ja, ich glaube, ich verstehe das alles.

Krishnamurti: Ist das so klar wie der Baum selbst, oder ist es nur die Klarheit der Beschreibung? Halten Sie sich vor Augen, worüber wir bereits gesprochen haben, daß nämlich das Beschriebene nicht die Beschreibung ist. Was also haben Sie mitbekommen, das Ding oder die Beschreibung?

Frager: Ich denke, es ist das Ding.

Krishnamurti: Dann gibt es beim Sehen dieser Tatsache kein «Ich» in der Beschreibung. Im Sehen irgendeiner Tatsache gibt es kein «Ich». Ebensowenig gibt es ein «Ich», das sieht. Das «Ich» hat keine Augen. Das «Ich» kann nicht sehen, kann nicht gewahr sein.

Frager: Darf ich hier aufhören? Ich glaube, ich habe es mitbekommen, aber ich muß es in mich eindringen lassen. Darf ich morgen wiederkommen?

*

Frager: Ich glaube, ich habe wirklich verstanden, nicht nur begrifflich, was Sie gestern sagten. Da ist die Wahrnehmung des Baumes, da ist die bedingte Reaktion auf den Baum, und diese bedingte Reaktion ist Konflikt, ist die Auswirkung der Erinnerung und vergangener Erfahrungen, sie ist Neigung und Abneigung, sie ist Vorurteil. Ich habe auch verstanden, daß diese voreingenommene Reaktion die Geburt des «Ich» oder des Zensors ist. Ich sehe klar, daß das «Ich» in allen Beziehungen existent ist. Gibt es nun ein «Ich» außerhalb der Beziehungen?

Krishnamurti: Wir haben gesehen, wie schwer belastet unsere Reaktionen sind. Wenn Sie fragen, ob es ein «Ich» außerhalb einer Beziehung gibt, ist es eine spekulative Frage, solange Sie von diesen bedingten Reaktionen nicht frei sind. Sehen Sie das ein? So ist denn unsere erste Frage nicht, ob es ein «Ich» außerhalb bedingter Reaktionen gibt oder nicht, sondern vielmehr, ob der Geist, der auch alle unsere Gefühle umfaßt, von diesem Bedingtsein, das die Vergangenheit ist, frei sein kann. Die Vergangenheit ist das «Ich». Es gibt kein «Ich» in der Gegenwart. Solange der Geist aus der Vergangenheit operiert, ist das «Ich» da, und der Geist *ist* diese Vergangenheit, der Geist *ist* dieses «Ich».

Sie können nicht sagen, da ist der Geist, und da ist die Vergangenheit, ganz gleich, ob es die Vergangenheit einiger Tage oder von zehntausend Jahren ist. So fragen wir: Kann sich der Mensch vom Gestern befreien? Nun, darin sind mehrere Dinge enthalten. Zunächst ist da ein oberflächliches Gewahrsein. Dem folgt das Gewahrsein der bedingten Reaktionen. Dann gibt es die Einsicht, daß der Mensch die Vergangenheit ist, daß der Mensch diese bedingte Reaktion *ist*. Dann entsteht die Frage, ob sich der Mensch von der Vergangenheit befreien kann. Und das alles ist eine einheitliche Handlung des Gewahrseins, weil darin keine Schlußfolgerungen enthalten sind. Wenn wir sagen, daß der Geist die Vergangenheit ist, ist diese Erkenntnis keine verbale

Schlußfolgerung, sondern eine wirkliche Wahrnehmung der Tatsache. Die Franzosen haben für diese Wahrnehmung einer Tatsache ein Wort; sie nennen es «constatation». Wenn wir fragen, ob der Geist von der Vergangenheit frei sein kann, wird diese Frage von dem Zensor, dem «Ich» gestellt, das diese Vergangenheit ist.

Frager: Kann der Geist von der Vergangenheit frei sein?

Krishnamurti: Wer stellt diese Frage? Ist es das Wesen, das das Resultat vieler Konflikte, Erinnerungen und Erfahrungen ist – fragt dieses Wesen, oder steigt diese Frage von selbst aus der Wahrnehmung der Tatsache auf? Wenn es der Beobachter ist, der die Frage stellt, dann versucht er, der Tatsache, die er selbst ist, zu entrinnen, denn er sagt sich, ich habe lange genug im Leid, in Unruhe und Kummer gelebt und würde gerne über diesen ständigen Kampf hinausgelangen. Wenn er die Frage aus diesem Motiv stellt, wird er im Ausweichen seine Zuflucht suchen. Entweder wendet man sich von einer Tatsache ab, oder man schaut ihr ins Gesicht; und das Wort und das Symbol sind ein Sichabwenden. In Wirklichkeit ist schon diese Fragestellung an sich ein Akt der Flucht, nicht wahr? Lassen Sie uns dessen gewahr sein, ob diese Frage ein Akt der Flucht ist oder nicht. Wenn sie eine Flucht ist, hat sie keinen Wert. Wenn es keinen Beobachter gibt, dann ist Schweigen da, eine vollkommene Negation der ganzen Vergangenheit.

Frager: Hier finde ich mich nicht mehr zurecht. Wie kann ich die Vergangenheit in wenigen Sekunden hinwegfegen?

Krishnamurti: Lassen Sie uns nicht vergessen, daß wir über Gewahrsein diskutieren. Wir sprechen zusammen über die Frage des Gewahrseins.

Dort ist der Baum und die bedingte Reaktion auf den Baum, die das «Ich» in seiner Beziehung darstellt, das

«Ich», das das Zentrum des Konflikts ist. Ist es nun dieses «Ich», das die Frage stellt – das «Ich», das, wie wir gesagt haben, die eigentliche Struktur der Vergangenheit ist? Wenn die Frage nicht aus dieser Vergangenheitsstruktur gestellt wird, wenn sie nicht vom «Ich» gestellt wird, dann gibt es keine Vergangenheit. Wenn die Struktur die Frage stellt, bleibt sie in allem Tun auf sich selbst bezogen, fürchtet sie sich vor sich selbst und handelt, um sich selbst zu entfliehen. Wenn diese Struktur nicht die Frage stellt, handelt sie nicht ich-bezogen. Um es zu wiederholen: da ist der Baum, da ist das Wort, die Reaktion auf den Baum, die der Zensor ist oder das «Ich», das heißt die Vergangenheit; und dann erhebt sich die Frage: Kann ich dieser ganzen Unruhe und Pein entrinnen? Wenn das «Ich» diese Frage stellt, verewigt es sich.

Wenn das «Ich» dessen gewahr ist, stellt es die Frage nicht! Wenn es gewahr ist und die Verwicklungen sieht, kann die Frage nicht gestellt werden. Es stellt die Frage erst gar nicht, weil es die Falle sieht. Erkennen Sie nun, daß dieses ganze Gewahrsein auf der Oberfläche liegt? Es ist dasselbe wie das Gewahrsein, das den Baum sieht.

Frager: Gibt es irgendeine andere Art des Gewahrseins? Gibt es eine andere Dimension des Gewahrseins?

Krishnamurti: Nochmals: Lassen Sie uns sorgfältig sein, lassen Sie uns ganz sicher sein, daß wir dieser Frage nicht irgendein Motiv zugrunde legen. Wenn ein Motiv da ist, befinden wir uns wieder in der Falle der bedingten Reaktion. Wenn der Beobachter völlig schweigend ist, nicht schweigend gemacht, entsteht sicherlich eine andere Art des Gewahrseins.

Frager: Welche Handlung könnte unter irgendwelchen Umständen ohne den Beobachter möglich sein – welche Frage oder welche Handlung?

Krishnamurti: Wiederum: Stellen Sie diese Frage von dieser Seite des Flusses aus oder von dem anderen Ufer? Wenn Sie sich auf dem anderen Ufer befinden, werden Sie diese Frage nicht stellen. Wenn Sie auf dem diesseitigen Ufer sind, wird Ihre Handlung von diesem Ufer sein. Es gibt also ein Gewahrsein dieses Ufers mit seiner gesamten Struktur, seiner Natur und allen seinen Fallen; und der Versuch, aus der Falle zu entkommen, bedeutet in eine andere Falle zu geraten. Welch eine tödliche Monotonie liegt in dem allen! Das Gewahrsein hat uns die Natur der Falle gezeigt und führt uns zur Ablehnung aller Fallen. Damit ist der Geist jetzt leer. Er ist bar des «Ichs» und der Falle. Dieser Geist hat eine andere Beschaffenheit, eine andere Dimension des Gewahrseins. Dieses Gewahrsein ist sich nicht bewußt, daß es gewahr ist.

Frager: Mein Gott, das ist zu schwierig. Sie sagen Dinge, die wahr zu sein scheinen, die wahr klingen, aber ich bin noch nicht so weit. Können Sie es anders ausdrücken? Können Sie mich aus meiner Falle herausstoßen?

Krishnamurti: Niemand kann Sie aus Ihrer Falle herausstoßen – kein Guru, keine Droge, kein Mantram, niemand, mich selbst eingeschlossen – niemand, besonders ich nicht. Alles, was Sie tun müssen, ist, vom Anfang bis zum Ende gewahr zu sein und nicht mittendrin unachtsam zu werden. Diese neue Art des Gewahrseins ist Achtsamkeit, und in dieser Achtsamkeit gibt es keine Grenze, die vom «Ich» geschaffen wurde. Diese Achtsamkeit ist die höchste Form der Tugend und ist daher Liebe. Sie ist höchste Intelligenz, und es kann keine Achtsamkeit geben, wenn Sie nicht die Struktur und die Natur dieser vom Menschen gemachten Fallen empfinden.

GIBT ES EINEN GOTT?

Frager: Ich würde wirklich gerne wissen, ob es einen Gott gibt. Wenn nicht, hat das Leben keinen Sinn. Da der Mensch von Gott nichts weiß, hat er ihn in tausend Glaubenssätzen und Bildern erfunden. Die Spaltungen und die Furcht, die durch diese Glaubenssätze verursacht wurden, haben den Menschen von seinen Mitmenschen getrennt. Um dem Leid und dem Unheil dieser Spaltung zu entrinnen, schafft er nur noch mehr Glaubenssätze, und das zunehmende Elend und die Verwirrung haben ihn überwältigt. Da wir nicht wissen, glauben wir. Kann ich Gott erkennen? Ich habe diese Frage vielen Heiligen sowohl in Indien wie auch hier gestellt, und sie haben alle mit Nachdruck den Glauben betont. «Glaube, und dann wirst du wissen; ohne Glauben kannst du niemals wissen.» Was meinen Sie dazu?

Krishnamurti: Ist der Glaube notwendig, um es herauszufinden? Zu lernen ist weit wichtiger als zu wissen. Über den Glauben zu lernen, ist das Ende des Glaubens. Wenn der Geist vom Glauben frei ist, dann kann er schauen. Es ist der Glaube oder Nichtglaube, der bindet; denn Nichtglaube und Glaube sind dasselbe; sie sind die gegenüberliegenden Seiten derselben Münze. Darum können wir den positiven oder negativen Glauben ganz beiseitetun; der Gläubige und der Nichtgläubige sind sich gleich. Wenn das tatsächlich geschieht, dann hat die Frage «Gibt es einen Gott» eine völlig andere Bedeutung. Das Wort Gott mit seiner ganzen Tradition, seiner Erinnerung, seinem intellektuellen und sentimentalen Beiklang – das alles ist nicht Gott. Das Wort ist nicht das Wirkliche. Kann also der Geist von dem Wort frei sein?

Frager: Ich weiß nicht, was das bedeutet.

Krishnamurti: Das Wort ist die Tradition, die Hoffnung, der Wunsch, das Absolute zu finden, ist das Streben nach dem Höchsten, die Bewegung, die dem Dasein Vitalität gibt. So wird das Wort selbst zum Höchsten, doch wir können sehen, daß das Wort nicht das Ding ist. Der Verstand ist das Wort, und das Wort ist Denken.

Frager: Und Sie verlangen von mir, daß ich mich des Wortes entäußere? Wie kann ich das tun? Das Wort ist die Vergangenheit, es ist die Erinnerung. Die Frau ist das Wort, und das Haus ist das Wort. Im Anfang war das Wort. Das Wort ist auch das Mittel der Kommunikation, der Identifikation. Ihr Name sind nicht Sie, und dennoch kann ich ohne Ihren Namen nicht nach Ihnen fragen. Und Sie fragen mich, ob der Geist von dem Wort frei sein kann – das heißt, ob der Geist von seiner eigenen Tätigkeit frei sein kann.

Krishnamurti: Wenn es sich um den Baum handelt, steht das Objekt vor unseren Augen, und das Wort bezieht sich aufgrund universeller Übereinkunft auf den Baum. Nun gibt es bei dem Wort Gott nichts, worauf es sich bezieht, darum kann sich jeder sein eigenes Bild von dem machen, für das es keinen Bezugspunkt gibt. Die Theologen tun es auf eine Art, die Intellektuellen auf eine andere, und der Gläubige und der Nichtgläubige jeweils auf ihre eigene unterschiedliche Weise. Die Hoffnung erzeugt diesen Glauben und dann sucht man. Diese Hoffnung ist das Ergebnis der Verzweiflung – der Verzweiflung aller, die wir rings um uns in der Welt sehen. Aus der Verzweiflung wird die Hoffnung geboren; auch sie sind die beiden Seiten derselben Münze. Wenn es keine Hoffnung gibt, ist die Hölle da, und die Furcht vor der Hölle gibt uns die Vitalität der Hoffnung. Damit beginnt die Illusion. So hat uns das Wort zur Illusion geführt und durchaus nicht zu Gott. Gott ist die Illusion, die wir anbeten; und der Nichtgläubige erschafft die Illusion eines anderen Gottes, den er anbetet – den Staat oder irgendeine

Utopie oder ein Buch, von dem er glaubt, daß es die Wahrheit enthält. So fragen wir Sie, ob Sie von dem Wort mit seinem Trugbild frei sein können.

Frager: Darüber muß ich meditieren.

Krishnamurti: Was bleibt übrig, wenn es keine Illusion gibt?

Frager: Nur was ist.

Krishnamurti: Das «was ist», ist das Heiligste.

Frager: Wenn das «was ist», das Heiligste ist, dann ist der Krieg das Heiligste und Haß, Unordnung, Leid, Habsucht und Raub. Dann dürfen wir überhaupt nicht von einer Wandlung sprechen. Wenn das «was ist» heilig ist, dann kann jeder Mörder und Plünderer und Ausbeuter sagen, «lassen Sie mich in Ruhe, was ich tue, ist heilig».

Krishnamurti: Die Einfachheit dieser Äußerung: «was ist, ist das Heiligste», führt zu großem Mißverständnis, weil wir ihre Wahrheit nicht erkennen. Wenn Sie sehen, daß das was ist, heilig ist, morden Sie nicht, führen Sie keinen Krieg, hoffen Sie nicht, beuten Sie nicht aus. Wenn Sie solche Dinge getan haben, können Sie nicht Immunität durch eine Wahrheit beanspruchen, die Sie vergewaltigt haben. Der weiße Mann, der zu dem schwarzen Aufrührer sagt, «was ist ist heilig, mischen Sie sich nicht ein, regen Sie sich nicht auf», hat nicht verstanden, denn wenn er verstanden hätte, wäre der Neger für ihn heilig, und es wäre nicht notwendig, in Erregung zu geraten. Wenn also jeder von uns diese Wahrheit sieht, muß die Verwandlung eintreten. Das Sehen der Wahrheit ist Verwandlung.

Frager: Ich kam her, um herauszufinden, ob es einen Gott gibt, und Sie haben mich vollkommen verwirrt.

Krishnamurti: Sie kamen, um zu fragen, ob es einen Gott gibt. Wir sagten, daß das Wort zu einer Illusion führt, die wir anbeten, und daß wir um dieser Illusion willen bereitwillig einander zerstören. Wenn es keine Illusion gibt, ist das «was ist» das Heiligste. Nun wollen wir betrachten, was tatsächlich ist. In einem bestimmten Augenblick mag das «was ist» Furcht sein oder äußerste Verzweiflung oder eine flüchtige Freude. Diese Dinge ändern sich ständig. Und dann ist da auch der Beobachter, der sagt: «Diese Dinge um mich herum verändern sich alle, aber ich bleibe beständig». Ist das eine Tatsache, ist das das Reale? Verändert er sich nicht auch, indem er etwas hinzufügt und etwas von sich hinweg tut, sich modifiziert, sich anpaßt, etwas wird oder nicht wird? So verwandeln sich sowohl der Beobachter wie das Beobachtete ständig. *Was ist,* ist Wandel. Das ist eine Tatsache. Das *ist* es, was ist.

Frager: Dann ist Liebe wandelbar? Wenn alles der Verwandlung unterliegt, ist nicht Liebe dann auch ein Teil dieser Bewegung? Und wenn Liebe wandelbar ist, dann kann ich heute eine Frau lieben und morgen mit einer anderen schlafen.

Krishnamurti: Ist das Liebe? Oder wollen Sie damit sagen, daß Liebe etwas anderes ist als ihre Ausdrucksform? Oder geben Sie der Ausdrucksform größere Bedeutung als der Liebe und schaffen dadurch einen Widerspruch und einen Konflikt? Kann Liebe jemals in das Räderwerk ständiger Veränderung geraten? Wenn es so ist, dann kann sie auch Haß sein; dann ist Liebe Haß. Nur wenn es keine Täuschung gibt, ist das «was ist» das Heiligste. Wenn es keine Illusion gibt, ist das «was ist» Gott, oder es kann dafür auch jeder andere Name gesetzt werden. So ist Gott da, wenn *Sie* nicht sind. Wenn Sie sind, ist er nicht. Wenn Sie nicht sind, ist Liebe. Wenn Sie sind, ist keine Liebe.

FURCHT

Frager: Ich pflegte Drogen zu nehmen, aber jetzt bin ich frei davon. Warum fürchte ich mich so vor allem? Ich wache morgens von Furcht gelähmt auf. Ich kann mich kaum aus dem Bett erheben. Ich fürchte mich hinauszugehen, und ich fürchte mich, im Haus zu bleiben. Plötzlich, da ich meinen Wagen fahre, überkommt mich diese Furcht, und ich verbringe einen ganzen Tag schwitzend, nervös, ängstlich, und am Ende des Tages bin ich völlig erschöpft. Manchmal, obgleich sehr selten, verliere ich diese Furcht in Gesellschaft einiger vertrauter Freunde oder im Hause meiner Eltern; ich fühle mich dann ruhig, glücklich, vollkommen entspannt. Als ich heute in meinem Wagen hierherkam, fürchtete ich mich davor, Sie zu sehen. Aber als ich den Fahrweg herauffuhr und zur Tür ging, verlor ich plötzlich diese Furcht, und jetzt, da ich hier in diesem freundlich stillen Raum sitze, fühle ich mich so glücklich, daß ich mich frage, wovor ich mich denn eigentlich gefürchtet habe. Jetzt habe ich keine Angst. Ich kann lächeln und wahrheitsgemäß sagen: Ich freue mich sehr, Sie zu sehen! Aber ich kann nicht für immer hier bleiben, und ich weiß, wenn ich von hier weggehe, wird mich die Wolke der Furcht wieder einhüllen. Dieser Tatsache stehe ich gegenüber. Ich habe sehr viele Psychiater und Analytiker aufgesucht, hier und im Ausland, aber sie graben sich nur in meine Kindheitserinnerungen ein – und ich habe das satt, weil die Furcht durchaus nicht verschwunden ist.

Krishnamurti: Wir wollen Kindheitserinnerungen und diesen ganzen Unsinn vergessen und zur Gegenwart kommen. Hier sind Sie, und Sie sagen, daß Sie sich jetzt nicht fürchten. Im Augenblick sind Sie glücklich und können sich kaum die Furcht vorstellen, in der Sie sich befanden. Warum haben Sie jetzt keine Furcht? Ist es der ruhige, saubere, wohlproportionierte, mit gutem Geschmack ausgestattete Raum und dieses Gefühl einer warmherzigen Aufnahme, das Sie empfinden? Sind Sie darum jetzt ohne Furcht?

Frager: Das ist ein Teil davon; vielleicht sind es auch Sie. Ich hörte Sie in der Schweiz reden, und ich habe Sie hier gehört, und ich empfinde eine Art tiefer Freundschaft für Sie. Aber ich möchte nicht von netten Häusern, einer freundlichen Atmosphäre und guten Freunden abhängig sein, um mich nicht zu fürchten. Wenn ich zu meinen Eltern gehe, habe ich das gleiche Gefühl der Warmherzigkeit. Aber zuhause ist es schrecklich; alle Familien sind tödlich mit ihrem nichtigen, eingeengten Tun, ihren Streitereien, mit der Vulgarität ihrer lauten Reden über nichts und mit ihrer Heuchelei. Ich habe das alles satt. Und doch, wenn ich zu Ihnen gehe und diese gewisse Wärme da ist, fühle ich mich tatsächlich für eine Weile frei von dieser Furcht. Die Psychiater können mir nicht sagen, was es mit meiner Furcht auf sich hat. Sie nennen es eine «fluktuierende Furcht». Es ist ein schwarzer, bodenloser, gespenstischer Abgrund. Ich habe sehr viel Geld und Zeit auf die Analyse verwendet, und es hat mir in Wirklichkeit überhaupt nicht geholfen. Was soll ich also tun?

Krishnamurti: Kommt es daher, daß Sie infolge Ihrer Sensitivität eines gewissen Schutzes, einer gewissen Sicherheit bedürfen, und da Sie das nicht finden, sich vor der häßlichen Welt fürchten? Sind Sie sensitiv?

Frager: Ja, ich denke schon. Vielleicht nicht in der Art, wie Sie es meinen, aber ich bin sensitiv. Ich liebe nicht den Lärm, die Geschäftigkeit, die Vulgarität dieses modernen Lebens, die Art, wie sie uns heute überall die Sexualität nachwerfen und den ganzen Aufwand, mit dem man irgendeine scheußliche kleine Stellung erkämpfen muß. Ich fürchte mich wirklich vor diesem allen – nicht, daß ich nicht kämpfen und mir eine Position erringen kann, aber mir wird übel vor Furcht.

Krishnamurti: Die meisten Menschen, die sensitiv sind, brauchen eine friedliche Zufluchtsstätte und eine warme freundliche Atmosphäre. Entweder schaffen sie sich diese selbst oder sie sind von anderen abhängig, die ihnen das geben können – die Familie, die Frau, der Mann, der Freund. Besitzen Sie einen solchen Freund?

Frager: Nein, ich fürchte mich davor, einen solchen Freund zu haben. Ich fürchte mich davor, von ihm abhängig zu sein.

Krishnamurti: Es besteht also folgende Situation: Sie sind sensitiv, verlangen einen gewissen Schutz und sind davon abhängig, daß andere Ihnen diesen Schutz geben. Da ist die Sensitivität und die Abhängigkeit; die beiden gehen oft zusammen. Und wenn man von einem anderen abhängig ist, hat man Angst, ihn zu verlieren. So werden Sie immer abhängiger und dann verstärkt sich die Furcht im Verhältnis zu Ihrer Abhängigkeit. Es ist ein Teufelskreis. Haben Sie erforscht, warum Sie abhängig sind? Wir hängen von dem Postboten ab, vom physischen Komfort und so fort; das ist ziemlich einfach. Wir sind für unser körperliches Wohlsein und unser Überleben von Menschen und Dingen abhängig; das ist ganz natürlich und normal. Wir müssen uns auf das verlassen, was wir die organisierte Seite der Gesellschaft nennen mögen. Aber wir sind außerdem psychologisch abhängig, und diese Abhängigkeit, obgleich tröstend, erzeugt Furcht. Warum sind wir psychologisch abhängig?

Frager: Sie sprechen jetzt zu mir über Abhängigkeit, aber ich kam hierher, um über Furcht zu diskutieren.

Krishnamurti: Wir wollen beides prüfen, weil sie in Wechselbeziehung stehen, wie wir sehen werden. Haben Sie etwas dagegen, wenn wir beides diskutieren? Wir sprachen über Abhängigkeit. Was ist Abhängigkeit? Warum ist man psychologisch von einem anderen abhängig? Ist nicht Abhängigkeit die Verneinung der Freiheit? Nehmen Sie das Haus, den Gatten, die Kinder, den Besitz hinweg – was ist der Mensch, wenn das alles nicht mehr da ist? Er ist in sich selbst unzulänglich, leer, verloren. Infolge dieser Leere, vor der er sich fürchtet, hängt er am Besitz, an Menschen und Glaubenssätzen. Sie mögen all dieser Dinge, von denen Sie abhängen, so sicher sein, daß Sie sich nicht vorstellen können, sie jemals zu verlieren – die Liebe Ihrer Familie und den Komfort. Doch die Furcht bleibt. Darum müssen wir uns klar darüber sein, daß jede Form psychologischer Abhängigkeit unvermeidlich Furcht erzeugt, obgleich die Dinge, von denen Sie abhängig sind, fast unzerstörbar zu sein scheinen. Die Furcht erhebt sich aus dieser inneren Unzulänglichkeit, Armut und Leere. So haben wir jetzt, wie Sie sehen, drei Probleme: Sensitivität, Abhängigkeit und Furcht. Die drei stehen in gegenseitiger Beziehung. Nehmen Sie die Sensitivität. Je sensitiver Sie sind, um so abhängiger sind Sie – es sei denn, Sie verstehen es, sensitiv zu bleiben ohne Abhängigkeit, verwundbar zu sein ohne Schmerz. Nehmen Sie nun die Abhängigkeit. Je abhängiger Sie sind, um so stärker ist der Abscheu und das Verlangen frei zu sein. Dieses Verlangen nach Freiheit verstärkt die Furcht, denn dieses Verlangen ist eine Reaktion, ist keine Freiheit von der Abhängigkeit.

Frager: Sind Sie von irgendetwas abhängig?

Krishnamurti: Natürlich. Ich bin physisch von Nahrung, Kleidung und Obdach abhängig, aber psychologisch, innerlich bin ich von nichts abhängig – nicht von Göttern, nicht von sozialer Moral, nicht von Glaubenssätzen, nicht von Menschen. Aber es ist belanglos, ob *ich* abhängig bin oder nicht. Um also fortzufahren: Furcht ist die Wahrnehmung unserer inneren Leere, Einsamkeit und Armut und unserer Unfähigkeit, etwas dagegen zu tun. Wir sind nur mit dieser Furcht beschäftigt, die die Abhängigkeit erzeugt und die wiederum durch Abhängigkeit vergrößert wird. Wenn wir die Furcht verstehen, verstehen wir auch die Abhängigkeit. Um also die Furcht zu verstehen und zu entdecken, wie sie entsteht, ist Sensitivität erforderlich. Wenn man sensitiv ist, wird man seiner eigenen außerordentlichen Leerheit bewußt, eines bodenlosen Abgrundes, der nicht durch die übliche Ablenkung mit Drogen gefüllt werden kann, noch durch kirchliche Veranstaltungen, oder durch gesellschaftliche Vergnügungen – nichts kann ihn jemals füllen. Das zu wissen vergrößert die Furcht. Das treibt Sie in die Abhängigkeit, und diese Abhängigkeit macht Sie immer unsensitiver. Und da Sie wissen, daß es so ist, fürchten Sie sich davor. So ist nun unsere Frage: Wie kann man über diese Leere, diese Einsamkeit hinausgelangen – nicht, wie man selbstgenügsam werden kann, nicht, wie man diese Leere ständig tarnen kann.

Frager: Warum sagen Sie, daß es nicht eine Frage der Selbstgenügsamkeit ist?

Krishnamurti: Weil Sie nicht länger sensitiv sind, wenn Sie selbstgenügsam sind; Sie werden selbstgefällig und gefühllos, gleichgültig und abgekapselt. Ohne abhängig zu sein, über die Abhängigkeit hinauszugehen bedeutet nicht, selbstgenügsam zu werden. Kann der Mensch dieser Leere ins Auge sehen und mit ihr leben, ohne in irgendeine Richtung zu entfliehen?

Frager: Es würde mich verrückt machen zu denken, daß ich damit für immer leben müßte.

Krishnamurti: Jede Bewegung hinweg von dieser Leere ist eine Flucht. Und diese Flucht, die von etwas hinwegführt, hinweg von dem «was ist», ist Furcht. Was *ist,* ist nicht die Furcht; es ist die *Flucht,* die die Furcht ist, und das wird Sie verrückt machen, nicht die Leere an sich. Was ist nun diese Leere, diese Einsamkeit? Wie entsteht sie? Sicherlich entsteht sie durch Vergleichen und Werten, nicht wahr? Ich vergleiche mich mit dem Heiligen, dem Meister, dem großen Musiker, dem Mann, der weiß, dem Mann, der es zu etwas gebracht hat. In diesem Vergleich finde ich mich selbst dürftig und unzulänglich; ich habe kein Talent, ich bin mittelmäßig, ich habe nicht verwirklicht, ich bedeute nichts, und jener ist etwas. So entsteht aus dem Werten und Vergleichen der enorme Hohlraum des Leerseins und der Nichtigkeit. Und die Flucht aus dieser Höhle ist Furcht. Und die Furcht hindert uns daran, diesen bodenlosen Abgrund zu verstehen. Es ist eine Neurose, die sich selbst nährt. Um es zu wiederholen: dieses Werten, dieses Vergleichen ist das eigentliche Wesen der Abhängigkeit. So sind wir wieder bei der Abhängigkeit angelangt – ein Teufelskreis.

Frager: Wir haben in dieser Diskussion einen langen Weg zurückgelegt, und die Dinge sind klarer geworden. Da ist die Abhängigkeit; ist es möglich, nicht abhängig zu sein? Ja, ich glaube, es ist möglich. Dann haben wir die Furcht; ist es möglich, vor der inneren Leere nicht davonzulaufen, und das bedeutet, nicht aus Furcht zu fliehen? Ja, ich glaube, es ist möglich. Damit sind wir dem Leersein ausgeliefert. Ist es nun möglich, dieser Leere ins Auge zu schauen, nachdem wir aufgehört haben, aus Furcht vor ihr davonzulaufen? Ja, ich glaube, es ist möglich. Ist es schließlich möglich, nicht zu werten, nicht zu vergleichen? Denn wenn wir so weit gekommen sind – und ich denke, wir sind es –, bleibt nur diese Leere, und man sieht ein, daß diese Leere das Ergebnis des Vergleichens ist. Und man erkennt, daß Abhängigkeit und Furcht das Ergebnis dieser Leere sind. Es sind also da: Vergleichen, Leerheit, Furcht, Abhängigkeit. Kann ich wirklich ein Leben ohne Vergleich, ohne Messen führen?

Krishnamurti: Natürlich müssen Sie messen, um einen Teppich auf den Boden zu legen!

Frager: Ja, ich meine, ob ich ohne psychologischen Vergleich leben kann.

Krishnamurti: Wissen Sie, was es bedeutet, ohne psychologischen Vergleich zu leben, wenn Sie Ihr Leben lang darauf eingestellt waren, zu vergleichen – in der Schule, beim Spielen, auf der Universität und im Büro? Alles ist Vergleich. Leben Sie ohne Vergleich! Wissen Sie, was das heißt? Es bedeutet: keine Abhängigkeit, keine Selbstgenügsamkeit, kein Suchen, kein Fragen – und das bedeutet zu lieben. Liebe kennt keinen Vergleich, und darum ist Liebe ohne Furcht. Liebe ist sich ihrer selbst nicht als Liebe bewußt, denn das Wort ist nicht das Ding.

WIE MAN IN DIESER WELT LEBEN SOLL

Frager: Könnten Sie mir bitte sagen, wie ich in dieser Welt leben soll? Ich möchte nicht zu ihr gehören, doch muß ich in ihr leben, ich muß ein Haus haben und meinen Lebensunterhalt verdienen. Und meine Nachbarn gehören zu dieser Welt; meine Kinder spielen mit ihren Kindern, und so wird man ein Teil dieses häßlichen Durcheinander, ob man es will oder nicht. Ich möchte herausfinden, wie ich in dieser Welt leben kann, ohne ihr zu entfliehen, ohne in ein Kloster zu gehen oder die Welt in einem Segelboot zu umfahren. Ich möchte meine Kinder anders erziehen, aber zuerst möchte ich wissen, wie ich leben soll, umgeben von so viel Gewalttätigkeit, Gier, Heuchelei, Wettstreit und Brutalität.

Krishnamurti: Wir wollen daraus kein Problem machen. Wenn etwas zu einem Problem wird, sind wir an die Lösung des Problems gebunden, und dann wird das Problem zu einem Käfig, einer Schranke für weiteres Erforschen und Verstehen. Darum wollen wir nicht das ganze Leben auf ein riesiges und komplexes Problem reduzieren. Wenn die Frage darauf hinausläuft, die Gesellschaft, in der wir leben, zu überwinden oder ein Ersatzmittel für sie zu finden oder ihr zu entfliehen versuchen, obgleich wir in ihr leben, muß das unvermeidlich zu einem widerspruchsvollen und heuchlerischen Leben führen. Diese Frage beinhaltet zugleich die vollkommene Verneinung der Ideologie, nicht wahr? Wenn Sie wirklich forschen, dürfen Sie nicht mit einer gedanklichen Festlegung beginnen, und alle Ideologien sind Festlegungen. So müssen wir damit beginnen herauszufinden, was Sie unter Leben verstehen.

Frager: Bitte, lassen Sie uns Schritt für Schritt vorangehen.

Krishnamurti: Ich freue mich, daß wir das Schritt für Schritt untersuchen können, voller Geduld, mit forschendem Geist und Herzen. Nun, was verstehen Sie unter Leben?

Frager: Ich habe niemals versucht, es in Worte zu fassen. Ich bin verwirrt, ich weiß nicht, was ich tun, wie ich leben soll. Ich habe das Vertrauen zu allem verloren – zu den Religionen, den Philosophien und den politischen Utopien. Es ist Krieg zwischen den einzelnen Menschen und zwischen den Nationen. In dieser duldsamen Gesellschaft ist alles erlaubt: Töten, Raub, die zynische Unterdrückung eines Landes durch ein anderes – und niemand tut etwas dagegen, weil eine Einmischung den Weltkrieg bedeuten könnte. Ich bin mit dem allen konfrontiert und weiß nicht, was ich tun soll; ich weiß nicht, wie ich überhaupt leben soll. Ich möchte nicht inmitten solcher Verwirrung leben.

Krishnamurti: Wonach verlangen Sie – nach einem anderen Leben oder nach einem neuen Leben, das sich entfaltet, wenn man das alte Leben versteht. Wenn Sie den Wunsch haben, ein anderes Leben zu führen, ohne zuvor verstanden zu haben, was diese Verwirrung hervorgebracht hat, werden Sie immer im Widerspruch, in Konflikt, in Verwirrung sein. Und das hat natürlich nichts mit einem neuen Leben zu tun. Verlangen Sie also nach einem neuen Leben, das aus dem Verständnis des alten Lebens kommt, oder nach einer modifizierten Fortdauer des alten?

Frager: Ich bin durchaus nicht sicher, was ich wünsche, aber ich beginne zu erkennen, was ich nicht wünsche.

Krishnamurti: Basiert das, was Sie nicht wünschen, auf Ihrem wahren Verstehen oder auf Ihrem Behagen oder Mißbehagen? Urteilen Sie aus Ihrem Aufbegehren, oder sehen Sie die Ursächlichkeit dieses Konflikts und Elends und verwerfen Sie es, weil Sie es verstehen?

Frager? Sie fragen mich zu viele Dinge. Alles was ich weiß, ist, daß ich ein anderes Leben führen möchte. Ich weiß nicht, was es bedeutet; ich weiß nicht, warum ich es suche; und wie ich sagte, bin ich durch das alles äußerst verwirrt.

Krishnamurti: Ihre grundlegende Frage ist doch wohl, wie Sie in dieser Welt leben sollen? Bevor Sie es herausfinden, lassen Sie uns zunächst sehen, was diese Welt ist. Die Welt ist nicht nur das, was uns umgibt, sie besteht auch aus unserer Beziehung zu allen diesen Dingen und Menschen, zu uns selbst und zu Ideen, das heißt aus unserer Beziehung zum Besitz, zum Menschen, zu Vorstellungen – faktisch aus unserer Beziehung zu dem Strom der Ereignisse, den wir Leben nennen. Das ist die Welt. Wir sehen die Einteilung in Nationalitäten, in religiöse, wirtschaftliche, politische, soziale und völkische Gruppen. Die ganze Welt ist auseinandergebrochen und ist außen ebenso zerstückelt, wie es die menschlichen Wesen innerlich sind. Tatsächlich ist diese äußere Zerstückelung die Manifestation des inneren Zerwürfnisses menschlichen Seins.

Frager: Ja, ich sehe diese Zerstückelung sehr klar, und ich beginne auch zu erkennen, daß der Mensch verantwortlich ist.

Krishnamurti: Sie sind der Mensch!

Frager: Kann ich denn anders leben als ich tatsächlich bin? Ich erkenne plötzlich, daß, wenn ich in einer völlig anderen Art leben soll, in mir eine neue Geburt stattfinden muß, mit einem neuen Geist und einem neuen Herzen und neuen Augen. Und ich erkenne auch, daß das nicht geschehen ist. Ich lebe so wie ich bin, und die Art wie ich bin, hat das Leben so gemacht, wie es ist. Aber wohin geht man von hier aus?

Krishnamurti: Sie gelangen von hier aus nirgendwo hin! Es gibt kein Weitergehen. Das Trachten oder das Suchen nach dem Ideal, nach dem, was wir für besser halten, gibt uns das Gefühl, daß wir uns weiterentwickeln, daß wir uns auf eine bessere Welt zubewegen. Aber diese Bewegung ist überhaupt keine Fortbewegung, weil das Ziel aus unserem Elend, unserer Verwirrung, unserer Gier und unserem Neid projiziert worden ist. So ist denn dieses Ziel, das man für den Gegensatz hält von dem was ist, in Wirklichkeit dasselbe wie das was ist; es wird durch das was ist erzeugt. Daher schafft es den Konflikt zwischen dem was ist und dem was sein sollte. Hier beginnt unsere grundlegende Verwirrung und unser Konflikt. Das Ende ist nicht dort drüben, nicht auf der anderen Seite der Mauer; Anfang und Ende sind hier.

Frager: Warten Sie bitte einen Augenblick; ich verstehe das überhaupt nicht. Wollen Sie damit sagen, daß das Ideal dessen, was sein sollte, dadurch entsteht, daß wir nicht verstehen was ist? Meinen Sie, daß das, was sein sollte, dem entspricht was ist, und daß die Bewegung von dem was ist zu dem was sein sollte, in Wirklichkeit keine Fortbewegung ist?

Krishnamurti: Es ist eine Idee, eine Fiktion. Wenn Sie verstehen was ist, welche Notwendigkeit besteht dann noch für das, was sein sollte?

Frager: Ist das so? Ich verstehe was ist. Ich verstehe die Bestialität des Krieges, den Schrecken des Tötens, und weil ich es verstehe, habe ich das Ideal des Nichttötens. Das Ideal ist aus meinem Verständnis dessen was ist, geboren worden, daher ist es keine Flucht.

Krishnamurti: Wenn Sie verstehen, daß Töten schrecklich ist, müssen Sie dann noch ein Ideal haben, um nicht zu töten? Vielleicht sind wir uns nicht über das Wort verstehen im klaren. Wenn wir sagen, daß wir etwas verstehen, liegt darin doch wohl, daß wir alles begriffen haben, was es auszusagen hat. Wir haben es erforscht und die Wahrheit oder das Falsche darin entdeckt. Das schließt doch auch ein, daß dieses Verstehen keine intellektuelle Angelegenheit ist, sondern daß man es tief im eigenen Herzen empfunden hat. Verständnis gibt es nur, wenn Geist und Herz in vollkommener Harmonie sind. Dann sagt man, «ich habe das verstanden, und es ist für mich erledigt»; dann hat es nicht länger die Kraft, weiteren Konflikt zu erzeugen. Geben wir beide dem Wort verstehen dieselbe Bedeutung?

Frager: Ich tat es bisher nicht, aber jetzt sehe ich ein, daß das, was Sie sagen, wahr ist. Doch verstehe ich ehrlich gesagt auf diese Art nicht die totale Unordnung der Welt, die, wie Sie richtig aufzeigten, meine eigene Unordnung ist. Wie kann ich es verstehen? Wie kann ich die Unordnung, die totale Unordnung und Verwirrung der Welt und meine eigene völlig begreifen lernen?

Krishnamurti: Gebrauchen Sie bitte nicht das Wort wie.

Frager: Warum nicht?

Krishnamurti: Das wie deutet an, daß jemand sich anschickt, ihnen eine Methode, ein Rezept zu geben, das, wenn Sie danach arbeiten, Verständnis hervorbringen wird. Kann Verstehen jemals durch eine Methode erzeugt werden? Verstehen bedeutet Liebe und die Gesundheit des Geistes. Und Liebe kann nicht praktiziert oder gelehrt werden. Die Gesundheit des Geistes kann nur durch klare Wahrnehmung entstehen, wenn man die Dinge nüchtern und ohne Sentimentalität sieht. Diese beiden Dinge können weder durch einen anderen gelehrt werden noch durch ein System, das von Ihnen oder einem anderen erfunden wurde.

Frager: Sie sind zu überzeugend, oder sind Sie vielleicht zu logisch? Versuchen Sie, mich zu beeinflussen, daß ich die Dinge so sehe wie Sie?

Krishnamurti: Das verhüte Gott! Beeinflussung in jeglicher Form zerstört die Liebe. Propaganda, die den Geist sensitiv und wach machen soll, wird ihn nur stumpf und gefühllos machen. Darum versuchen wir in keiner Weise, Sie zu beeinflussen oder zu überreden oder Sie abhängig zu machen. Wir zeigen nur auf, erforschen gemeinsam. Und um gemeinsam zu forschen, müssen Sie sowohl von mir frei sein als auch von Ihren Vorurteilen und Ängsten; sonst laufen Sie im Kreise herum. Darum müssen wir zu unserer ursprünglichen Frage zurückkehren: Wie soll ich in dieser Welt leben? Um darin zu leben, müssen wir die Welt verneinen. Damit meinen wir die Verneinung des Ideals, des Krieges, der Zersplitterung, des Wettstreits, des Neides und so fort. Wir meinen damit nicht, die Welt wie ein Schuljunge abzulehnen, der gegen seine Eltern revoltiert. Wir verneinen sie, weil wir sie verstehen. Dieses Verstehen ist Negation.

Frager: Das geht über meinen Verstand!

Krishnamurti: Sie sagten, daß Sie nicht in der Verwirrung, der Unehrlichkeit und Häßlichkeit dieser Welt leben möchten. Darum verneinen Sie sie. Aber von welchem Hintergrund aus tun Sie das, warum verneinen Sie die Welt? Geschieht es, weil Sie ein friedvolles Leben führen möchten, ein Leben vollkommener Sicherheit und Abgeschlossenheit, oder lehnen Sie sie ab, weil Sie sehen, was sie tatsächlich ist?

Frager: Ich glaube sie zu verneinen, weil ich um mich herum sehe, was vor sich geht. Natürlich gehören auch meine Vorurteile und Ängste dazu. So ist es eine Mischung des tatsächlichen Geschehens und meiner eigenen Angst.

Krishnamurti: Was ist vorherrschend: Ihre Angst, oder das wirkliche Sehen der Tatsachen um Sie herum? Wenn die Furcht vorherrscht, dann können Sie nicht sehen, was tatsächlich geschieht, weil Furcht Dunkelheit ist, und in der Dunkelheit können Sie absolut nichts sehen. Wenn Sie das erkennen, dann können Sie die Welt sehen, wie sie wirklich ist, dann können Sie sich selbst sehen, wie Sie wirklich sind. Denn Sie sind die Welt, und die Welt sind Sie; es sind nicht zwei getrennte Dinge.

Frager: Würden Sie bitte ausführlicher erklären, was Sie darunter verstehen, daß die Welt ich ist und daß ich die Welt bin.

Krishnamurti: Bedarf das wirklich einer Erklärung? Wollen Sie, daß ich im einzelnen beschreibe, was Sie sind, und Ihnen zeige, daß Sie dasselbe sind, was die Welt ist? Wird diese Beschreibung Sie überzeugen, daß Sie die Welt sind? Werden Sie durch eine logische, folgerichtige Erklärung, die Ihnen Ursache und Wirkung aufzeigt, überzeugt sein? Wenn Sie durch sorgfältige Beschreibung überzeugt werden, wird Ihnen das Verständnis geben? Wird es Sie fühlen lassen, daß Sie die Welt sind, Ihnen das Gefühl geben, daß Sie für die Welt verantwortlich sind? Es erscheint so klar, daß unsere menschliche Gier, unser Neid, unsere Aggression und Gewalttätigkeit die Gesellschaft geschaffen haben, in der wir leben – eine legalisierte Hinnahme dessen, was wir sind. Ich glaube, daß das wirklich hinreichend klar ist, und wir wollen für dieses Problem keine Zeit mehr verschwenden. Sehen Sie, wir haben dafür kein Empfinden, wir lieben nicht, darum besteht diese Trennung zwischen uns und der Welt.

Frager: Darf ich morgen wiederkommen?

*

Er kam am nächsten Tag voller Eifer zurück, und in seinen Augen lag die Klarheit des Forschens.

Frager: Ich möchte, wenn es Ihnen recht ist, weiter in die Frage eindringen, wie ich in dieser Welt leben soll. Ich verstehe jetzt mit Herz und Geist, wie äußerst unwichtig Ideale sind – wie Sie es gestern erklärten. Es gab einen ziemlich langen Kampf darum, und ich habe schließlich eingesehen, wie trivial Ideale sind. Sie sagen doch, daß, wenn es keine Ideale oder Auswege gibt, nur die Vergangenheit da ist, die tausend Gestern, die das «Ich» ausmachen. Wenn ich daher frage, wie ich in dieser Welt leben soll, habe ich nicht nur eine falsche Frage gestellt, sondern ich habe zugleich etwas Widersprüchliches getan, denn ich habe die Welt und das «Ich» in Gegensatz zueinander gebracht. Und diesen Widerspruch nenne ich Leben. Wenn ich also die Frage stelle, wie ich in dieser Welt leben soll, versuche ich tatsächlich, diesen Widerspruch zu verfeinern, ihn zu rechtfertigen, ihn zu modifizieren, weil das alles ist, was ich weiß; ich kenne nichts anderes.

Krishnamurti: Das ist also die Frage, die sich uns jetzt stellt: Muß Leben immer in der Vergangenheit sein, muß jede Tätigkeit der Vergangenheit entspringen, sind alle Beziehungen das Ergebnis der Vergangenheit, ist Leben die komplexe Erinnerung der Vergangenheit? Das ist alles, was wir kennen – die Vergangenheit, die die Gegenwart modifiziert. Und die Zukunft ist das Ergebnis dieser Vergangenheit, die durch die Gegenwart handelt. So sind also Vergangenheit, Gegenwart und Zukunft die Vergangenheit. Und diese Vergangenheit nennen wir Leben. Der Geist ist die Vergangenheit, das Gehirn ist die Vergangenheit, die Gefühle sind die Vergangenheit, und die Handlung, die daraus entsteht, ist die positive Tätigkeit des Bekannten. Dieser ganze Prozeß ist Ihr Leben mit all den Beziehungen und Tätigkeiten, die Sie kennen. Wenn Sie daher fragen, wie Sie in dieser Welt leben sollen, verlangen Sie nach einer Veränderung des Gefängnisses.

Frager: Das meine ich nicht. Ich meine folgendes: Ich sehe sehr klar, daß mein Prozeß des Denkens und Tuns die Vergangenheit ist, die durch die Gegenwart in die Zukunft wirkt. Das ist alles, was ich weiß, und das ist eine Tatsache. Und ich erkenne, daß ich darin gefangen bin, daß ich es bin, solange sich diese Struktur nicht verändert. Hieraus erhebt sich unvermeidlich die Frage: Wie soll ich mich verwandeln?

Krishnamurti: Um in dieser Welt geistig gesund zu leben, ist eine radikale Verwandlung von Geist und Herz notwendig.

Frager: Ja, aber was verstehen Sie unter Verwandlung? Wie soll ich mich verwandeln, wenn alles, was ich tue, die Bewegung der Vergangenheit ist? Ich kann mich nur selbst verwandeln, niemand anderes kann das für mich tun. Und ich verstehe nicht, was es bedeutet, sich zu verwandeln.

Krishnamurti: So ist aus der Frage «wie ich in dieser Welt leben soll», nun geworden: «Wie soll ich mich verwandeln?» – wobei nicht vergessen werden darf, daß das Wie keine Methode bedeutet, sondern ein Erforschen ist, um zu verstehen. Was ist Verwandlung? Gibt es überhaupt eine Verwandlung? Oder kann man danach nur fragen, nachdem eine totale Verwandlung und Revolution stattgefunden hat? Lassen Sie uns wiederum damit beginnen herauszufinden, was dieses Wort bedeutet. Verwandlung umschließt eine Bewegung von dem was ist zu etwas anderem hin. Ist dieses andere nur ein Gegensatz, oder gehört es zu einer gänzlich anderen Ordnung? Wenn es nur ein Gegensatz ist, dann ist es überhaupt nichts anderes, weil alle Gegensätze wechselseitig bedingt sind, wie heiß und kalt, hoch und niedrig. Der

Gegensatz ist in seinem Gegensatz enthalten und durch ihn festgelegt; er ist nur im Vergleich vorhanden, und die Dinge, die vergleichbar sind, haben nur verschiedene Maße derselben Beschaffenheit und sind daher gleichartig. So ist eine Verwandlung in einen Gegensatz überhaupt keine Verwandlung. Selbst wenn dieses Hingehen zu dem, was anders erscheint, Ihnen das Gefühl gibt, daß Sie wirklich etwas tun, es ist eine Illusion.

Frager: Lassen Sie mich das für einen Augenblick in mich aufnehmen.

Krishnamurti: Womit sind wir also jetzt beschäftigt? Ist es möglich, die Geburt einer gänzlich neuen Ordnung in uns herbeizuführen, die nicht auf die Vergangenheit bezogen ist? Die Vergangenheit ist für dieses Forschen belanglos und unbedeutend, weil sie auf die neue Ordnung nicht anwendbar ist.

Frager: Wie können Sie sagen, daß sie unbedeutend und belanglos ist? Wir haben ständig gesagt, daß die Vergangenheit *das* Problem ist, und nun sagen Sie, sie sei nebensächlich.

Krishnamurti: Die Vergangenheit scheint das einzige Problem zu sein, weil sie allein unseren Geist und unsere Herzen beherrscht. Sie allein ist für uns wichtig. Aber warum geben wir ihr diese Bedeutung? Warum ist dieser kleine Raum so äußerst wichtig? Wenn Sie durch die Vergangenheit völlig in Anspruch genommen und darauf festgelegt sind, werden Sie niemals der Verwandlung Gehör schenken. Der Mensch, der nicht völlig festgelegt ist, ist als einziger fähig, zu lauschen, zu forschen und zu fragen. Nur dann wird er imstande sein, die Trivialität dieses kleinen Raumes zu sehen. – Sind Sie nun völlig versunken oder ist Ihr Kopf über dem Wasser? Wenn Ihr Kopf über dem Wasser ist, dann können

Sie sehen, daß dieses kleine Ding belanglos ist. Dann haben Sie Spielraum, um herauszuschauen. Wie tief sind Sie versunken? Niemand als Sie selbst kann diese Frage beantworten. In dieser Fragestellung liegt bereits die Freiheit, und dann fürchtet man sich nicht mehr. Dann ist Ihre Einsicht umfassend. Wenn aber diese Schablone der Vergangenheit Sie fest an der Kehle hält, dann fügen Sie sich, dann akzeptieren, gehorchen, folgen, glauben Sie. Nur wenn Sie gewahr sind, daß das nichts mit Freiheit zu tun hat, beginnen Sie herauszusteigen. So fragen wir wiederum: was ist Verwandlung, was ist Revolution? Verwandlung ist nicht eine Bewegung vom Bekannten zum Bekannten, und alle politischen Revolutionen sind das. Über diese Art der Verwandlung sprechen wir hier nicht. Sich vom Zustand eines Sünders zu dem eines Heiligen fortzuentwickeln, ist ein Fortschreiten von einer Illuison zu einer anderen. So, jetzt sind wir frei von der Verwandlung als einer Bewegung von diesem zu jenem.

Frager: Habe ich das wirklich verstanden? Was soll ich mit dem Ärger, der Gewalttätigkeit und der Furcht tun, wenn sie in mir aufsteigen? Soll ich ihnen freien Lauf lassen? Was soll ich mit ihnen anfangen? Es muß da eine Verwandlung stattfinden, sonst bin ich, was ich zuvor war.

Krishnamurti: Ist Ihnen klar, daß diese Dinge nicht durch ihren Gegensatz überwunden werden können? Wenn ja, dann ist nur die Gewalt da, der Neid, der Ärger, die Gier. Das Gefühl stellt sich als das Resultat einer Herausforderung ein, und dann wird es benannt. Dieses Benennen des Gefühls setzt es erneut in die alte Schablone ein. Wenn Sie es nicht benennen, das heißt, wenn Sie sich nicht damit identifizieren, dann ist das Gefühl neu und wird von selbst vergehen. Das Benennen verstärkt es und gibt ihm Fortdauer, und das ist der ganze Prozeß des Denkens.

Frager: Ich fühle mich in eine Ecke getrieben, wo ich mich sehe, wie ich tatsächlich bin, und ich erkenne, wie trivial ich bin. Was kommt von da aus als Nächstes?

Krishnamurti: Jede Bewegung von dem hinweg, was ich bin, verstärkt was ich bin. *So ist Verwandlung ganz und gar keine Bewegung.* Verwandlung ist die Verneinung der Veränderung, und nun erst kann ich diese Frage stellen: gibt es überhaupt eine Verwandlung? Diese Frage kann nur gestellt werden, wenn jede Bewegung des Denkens aufgehört hat, denn das Denken muß um der Schönheit der Nicht-Verwandlung willen verneint werden. In der totalen Negation jeder Bewegung des Denkens, hinweg von dem was ist, liegt das Ende dessen was ist.

BEZIEHUNG

Frager: Ich bin von weither gekommen, um Sie zu sehen. Obgleich ich verheiratet bin und Kinder habe, habe ich sie verlassen und wandere und meditiere als Bettelmönch. Ich habe mir über dieses komplizierte Problem der Beziehung den Kopf zerbrochen. Wenn ich in ein Dorf gehe und man gibt mir Nahrung, bin ich dem Geber verbunden, wie ich auch meiner Frau und meinen Kindern verbunden bin. Wenn mir in einem anderen Dorf jemand Kleider gibt, bin ich dem ganzen Betrieb, der sie fabriziert hat, verbunden. Ich bin der Erde verbunden, auf der ich wandere, dem Baum, unter dem ich Schutz suche – jeglichem Ding. Und doch bin ich allein, isoliert. Wenn ich mit meiner Frau zusammen bin, fühle ich mich selbst während des Sexus abgesondert – es ist ein Akt der Trennung. Wenn ich in einen Tempel gehe, ist es der Anbeter, der dem Angebeteten verbunden ist – wiederum Trennung. So ist in allen Beziehungen, wie ich es sehe, Trennung, Dualität, und dahinter oder darin oder ringsherum ist ein seltsames Gefühl der Einheit. Wenn ich den Bettler sehe, schmerzt es mich, denn ich bin gleich ihm und fühle mich – wie auch er – einsam, verzweifelt, krank, hungrig. Ich habe Mitgefühl mit ihm und seinem sinnlosen Dasein. Ein reicher Mann kommt in seinem schweren Wagen daher und nimmt mich mit, aber ich fühle mich in seiner Gesellschaft unbehaglich, doch zur gleichen Zeit empfinde ich Zuneigung und bin ihm verbunden. So habe ich über dieses seltsame Phänomen der Beziehung nachgesonnen. Können wir an diesem lieblichen Morgen, da wir über dieses tiefe Tal hinwegschauen, diese Frage zusammen besprechen?

Krishnamurti: Ist nicht jede Beziehung ohne diese Isolierung? Kann es Beziehungen geben, solange irgendein Getrenntsein, eine Scheidewand besteht? Kann es Beziehung geben, wenn kein gegenseitiger Kontakt besteht, nicht nur körperlich, sondern auf jeder Ebene unseres Seins? Man mag die Hand eines anderen halten und doch meilenweit entfernt sein, eingehüllt in die eigenen Gedanken und Probleme. Man mag sich in einer Gruppe befinden und doch schmerzlich allein sein. So fragt man, ob es irgendeine Beziehung gibt zu dem Baum, der Blume, dem Menschen oder zu dem Himmel und dem lieblichen Sonnenuntergang, wenn sich der Mensch in seinem Tun isoliert. Und kann es überhaupt jemals einen Kontakt mit irgend etwas geben, selbst wenn sich der Mensch *nicht* isoliert?

Frager: Jedes Ding und jedermann hat sein eigenes Wesen. Alles und jeder ist in das eigene Sein eingebettet. Ich kann die Einzäunung eines anderen Wesens niemals durchdringen. So sehr ich auch jemanden liebe, ist doch sein Dasein von dem meinen getrennt. Ich kann ihn vielleicht von außen berühren, geistig oder körperlich, aber er hat sein eigenes Dasein, und das meine ist für immer außerhalb des seinen. Ebenso wenig kann er mich erreichen. Müssen wir immer zwei getrennte Wesen bleiben, jeder in seiner eigenen Welt, mit seinen eigenen Begrenzungen, in dem Gefängnis seines eigenen Bewußtseins?

Krishnamurti: Jeder lebt in seinem eigenen Netz, Sie in dem Ihren, er in dem seinen. Und gibt es da eine Möglichkeit, jemals dieses Netz zu zerreißen? Ist dieses Netz – dieser Schleier, diese Hülle – das Wort? Bildet es sich, weil Sie sich mit sich selbst beschäftigen und der andere das gleiche tut, weil Ihre Wünsche den seinen entgegengesetzt sind? Ist diese Hülle die Vergangenheit? Das alles ist sie, nicht wahr? Es ist nicht ein einzelnes Ding, sondern ein ganzes Bündel, das der Mensch mit sich herumträgt. Sie haben Ihre Last, ein anderer hat die seine. Können diese Lasten jemals abgelegt werden, so daß der Mensch dem Menschen begegnet, das Herz dem Herzen? Das ist die wirkliche Frage, nicht wahr?

Frager: Selbst wenn alle diese Lasten abgelegt werden, wenn das möglich wäre, selbst dann bleibt der andere in seiner Haut mit seinen Gedanken und ich in der meinen mit meinen Gedanken. Manchmal ist die Kluft schmal, manchmal ist sie breit, aber immer sind wir zwei getrennte Inseln. Die Kluft scheint am breitesten zu sein, wenn wir uns sehr darum sorgen und sie zu überbrücken versuchen.

Krishnamurti: Sie können sich mit jenem Dörfler identifizieren oder mit jener flammenden Bougainvillea – aber das ist nur ein intellektueller Trick, um Einheit vorzutäuschen. Identifizierung mit etwas ist eine der heuchlerischsten Zustände – sich mit einer Nation zu identifizieren, mit einem Glauben und doch allein zu bleiben, ist ein beliebter Trick, der Einsamkeit ein Schnippchen zu schlagen. Oder Sie identifizieren sich so vollkommen mit Ihrem Glauben, daß Sie dieser Glaube sind, und das ist ein neurotischer Zustand. Jetzt aber wollen wir diesen Drang nach Identifizierung mit einer Person oder einer Idee oder einem Ding beiseite tun. Auf diese Art gibt es keine Harmonie, keine Einheit oder Liebe. So ist unsere nächste Frage, ob Sie die Hülle zerreißen können, so daß sie nicht mehr vorhanden ist. Dann nur würde die Möglichkeit eines totalen Kontaktes gegeben sein. Wie kann man die Hülle zerreißen? Das «wie» bedeutet keine Methode, sondern vielmehr ein Erforschen, das die Tür öffnen mag.

Frager: Ja, kein anderer Kontakt kann überhaupt Beziehung genannt werden, obgleich wir es behaupten.

Krishnamurti: Zerreißen wir die Hülle nach und nach oder durchschneiden wir sie augenblicklich? Wenn wir sie Stück für Stück zerreißen, was die Analytiker manchmal zu tun vorgeben, schaffen wir es niemals. Mit Hilfe der Zeit können Sie diese Scheidewand nicht niederreißen.

Frager: Kann ich mich in die Hülle eines anderen hineinversetzen? Ist nicht seine Hülle sein eigentliches Dasein, sein Herzschlag und sein Blut, seine Gefühle und seine Erinnerungen?

Krishnamurti: Sind *Sie* nicht selbst diese Hülle?

Frager: Ja.

Krishnamurti: Dieses Bestreben, die Hülle eines anderen zu durchstoßen oder sich über die eigene hinaus zu erweitern, ist nur die Bestätigung und die Handlung Ihrer eigenen Hülle: Sie sind die Hülle. So sind Sie der Beobachter der Hülle und sind auch die Hülle selbst. In diesem Falle sind Sie der Beobachter und das Beobachtete; bei dem anderen ist es ebenso, und damit stehen wir wieder am Anfang. Sie versuchen, den anderen zu erreichen, und er versucht Sie zu erreichen. Ist das möglich? Sie sind eine Insel, vom Meer umgeben, und auch er ist die vom Meer umgebene Insel. Sie erkennen, daß Sie beides sind: die Insel und das Meer; es gibt keine Trennung zwischen ihnen; Sie sind die ganze Erde mit dem Meer. Daher gibt es keine Einteilung in die Insel und das Meer. Der andere sieht das nicht. Er ist die Insel, umgeben vom Meer. Er versucht Sie zu erreichen oder, wenn Sie närrisch genug sind, versuchen Sie vielleicht, ihn zu erreichen. Ist das möglich? Wie kann es einen Kontakt geben zwischen einem Menschen, der frei ist und einem anderen, der gebunden ist? Da Sie der Beobachter und das Beobachtete sind, sind Sie die ganze Bewegung der Erde und des Wassers. Aber der andere, der das nicht versteht, bleibt weiterhin die Insel, eingeschlossen vom Wasser. Er versucht Sie zu erreichen und verfehlt Sie ständig, weil er sein insulares Dasein beibehält. Nur wenn er es aufgibt und wie Sie den Bewegungen des Himmels, der Erde und des Meeres geöffnet ist, dann ist Kontakt möglich. Der eine, der erkennt, daß er selbst die Schranke ist, kann keine Schranke mehr haben. Daher ist er in sich überhaupt nicht abgesondert. Der andere hat nicht erkannt, daß er selbst die Schranke ist, und so bewahrt er den Glauben an seine Besonderheit. Wie kann dieser Mensch den anderen erreichen? Es ist nicht möglich.

*

Frager: Wenn es gestattet ist, würde ich gerne dort fortfahren, wo wir gestern aufgehört haben. Sie sagten, daß der Mensch die Hülle, die um ihn ist, selbst erzeugt, und daß diese Hülle der Mensch ist. Ich verstehe das wirklich nicht. Intellektuell kann ich zustimmen, aber die eigentliche Wahrnehmung entzieht sich mir. Ich würde es sehr gerne verstehen – nicht verbal, sondern es wirklich empfinden, so daß es in meinem Leben keinen Konflikt gibt.

Krishnamurti: Da ist der Raum zwischen dem, was der Mensch die Hülle nennt, die er geschaffen hat, und sich selbst. Da ist der Raum zwischen dem Ideal und der Handlung. In dieser Zerstückelung des Raumes zwischen dem Beobachter und dem Beobachteten oder zwischen den verschiedenen Dingen, die er beobachtet, liegt aller Konflikt und Kampf und die ganze Problematik des Lebens. Da ist die Trennung zwischen der Hülle, die mich umgibt, und der Hülle um einen anderen. In diesem Raum liegt unsere ganze Existenz, liegen unsere Beziehungen und Kämpfe.

Frager: Wenn Sie von der Trennung zwischen dem Beobachter und dem Beobachteten sprechen, meinen Sie damit diese Zersplitterung des Raumes in unserem Denken und unseren täglichen Handlungen?

Krishnamurti: Was ist dieser Raum? Es gibt den Raum zwischen Ihnen und Ihrer Hülle, den Raum zwischen einem anderen und seiner Hülle, und es gibt den Raum zwischen den beiden Hüllen. Diese Räume zeigen sich alle dem Beobachter. Woraus sind diese Räume gemacht? Wie entstehen sie? Welche Beschaffenheit haben diese geteilten Räume? Was würde geschehen, wenn wir diese fragmentarischen Räume beseitigen könnten?

Frager: Dann würde ein wahrer Kontakt auf allen Ebenen unseres Seins bestehen.

Krishnamurti: Ist das alles?

Frager: Es würde keinen Konflikt mehr geben, denn aller Konflikt ist Beziehung quer durch diese Räume.

Krishnamurti: Ist das alles? Wenn dieser Raum tatsächlich verschwindet – nicht verbal oder intellektuell, sondern tatsächlich verschwindet –, dann besteht vollkommene Harmonie, Einheit zwischen Ihnen und ihm, zwischen Ihnen und einem anderen. In dieser Harmonie hören Sie und er auf, und es gibt nur diesen weiten Raum, der nie zerstört werden kann. Die enge Struktur des Verstandes nimmt ein Ende, denn der Verstand ist Stückwerk.

Frager: Ich kann das alles wirklich nicht verstehen, obgleich ich ein tiefes Gefühl in mir habe, daß es so ist. Ich kann sehen, daß sich das tatsächlich ereignet, wenn Liebe da ist, aber ich kenne diese Liebe nicht; sie ist nicht ständig in mir. Sie ist nicht in meinem Herzen. Ich sehe sie nur wie durch ein trübes Glas. Aber ich kann sie, ehrlich gesagt, nicht mit meinem ganzen Wesen erfassen. Könnten wir, wie Sie vorschlugen, eingehend betrachten, woraus diese Räume gemacht sind, wie sie entstehen?

Krishnamurti: Wir wollen völlig sicher sein, daß wir beide dasselbe verstehen, wenn wir das Wort Raum gebrauchen. Es gibt den physischen Raum zwischen Menschen und Dingen, und es gibt den psychologischen Raum zwischen Menschen und Dingen. Dann gibt es auch den Raum zwischen der Idee und der Wirklichkeit. Das alles – das Physische und das Psychologische – ist also Raum, mehr oder weniger begrenzt und festgelegt. Wir sprechen jetzt nicht von dem physischen Raum. Wir sprechen von dem psychologischen Raum zwischen den Menschen und dem psychologischen Raum im Menschen selbst, in seinen Gedanken und Tätigkeiten. Wie entsteht dieser Raum? Ist er erfunden, illusorisch oder ist er real? Fühlen Sie es, seien Sie dessen gewahr, vergewissern Sie sich, daß Sie nicht bloß ein geistiges Bild davon haben, denken Sie daran, daß die Beschreibung niemals das Ding ist. Seien Sie ganz sicher, daß Sie wissen, worüber wir sprechen. Seien Sie sich völlig klar darüber, daß dieser begrenzte Raum, diese Trennung in Ihnen existiert; Gehen Sie nicht weiter, wenn Sie nicht verstehen. Nun, wie entsteht dieser Raum?

Frager: Wir sehen den physischen Raum zwischen den Dingen ...

Krishnamurti: Erklären Sie nichts; fühlen Sie sich nur da hinein. Wir fragen, wie dieser Raum entstanden ist. Geben Sie keine Ursache an, keine Erklärung, sondern verbleiben Sie mit diesem Raum und empfinden Sie ihn. Dann werden die Ursache und die Beschreibung nur wenig Bedeutung haben und ohne Wert sein. Dieser Raum ist entstanden durch das Denken, durch das «Ich», das Wort – worin die ganze Einteilung liegt. Der Gedanke selbst ist dieser Zwischenraum, diese Einteilung. Das Denken zerbricht sich immer selbst in Fragmente und erzeugt die Teilung. Das Denken zerlegt in Fragmente, was es innerhalb des Raumes betrachtet – als Du und Ich, Dein und Mein, als das Ich und seine Gedanken und so fort. Dieser Abstand, den das Denken zu dem, was es beobachtet, geschaffen hat, ist real geworden; und es ist dieser Zwischenraum, der trennt. Dann versucht das Denken eine Brücke über diese Kluft zu schlagen, überlistet sich auf diese Weise ständig, betrügt sich selbst und erhofft Einigkeit.

Frager: Das erinnert mich an die alte Erklärung des Denkens: Es ist ein Dieb, der sich als Polizist maskiert, um den Dieb zu fangen.

Krishnamurti: Quälen Sie sich nicht mit Zitaten ab, so alt diese auch sein mögen. Wir betrachten, was tatsächlich vor sich geht. Indem wir die Wahrheit über die Beschaffenheit und die Tätigkeit des Denkens sehen, wird das Denken ruhig. Wenn das Denken ruhig ist, nicht ruhig gemacht, ist da noch Abstand?

Frager: Es ist der Gedanke selbst, der jetzt hereinstürzt, um diese Frage zu beantworten.

Krishnamurti: Genau! Darum stellen wir eben diese Frage nicht. Der Geist ist jetzt vollkommen harmonisch, ohne Zersplitterung; der kleine Zwischenraum hat aufgehört, und da ist nur noch Raum. Wenn der Geist vollkommen ruhig ist, ist die Weite des Raumes und das Schweigen da.

Frager: So beginne ich zu sehen, daß meine Beziehung zu anderen aus Denkvorgängen besteht. Was immer ich auch antworte, es ist das Geräusch des Denkens, und indem ich das erkenne, schweige ich.

Krishnamurti: Dieses Schweigen ist Segen.

KONFLIKT

Frager: Ich befinde mich in einem vielfachen Konflikt mit allem, was um mich ist; und auch in mir ist alles in Konflikt. Die Menschen haben von einer göttlichen Ordnung gesprochen; die Natur ist harmonisch. Der Mensch scheint das einzige Tier zu sein, das diese Ordnung verletzt und so viel Elend verursacht – für andere und für sich selbst. Wenn ich am Morgen aufwache, sehe ich von meinem Fenster aus kleine Vögel miteinander kämpfen, aber bald trennen sie sich und fliegen davon, während ich diesen Kampf mit mir und mit anderen ständig in mir trage; da gibt es kein Entrinnen. Ich möchte wissen, ob ich jemals in Frieden mit mir leben kann. Ich muß sagen, daß ich mich gerne in völliger Harmonie mit allem um mich und mit mir selbst befinden möchte. Wenn man von diesem Fenster aus die ruhige See und das Licht auf dem Wasser sieht, hat man das tiefe Gefühl, daß es eine Lebensweise ohne diesen endlosen Streit mit sich und der Welt geben muß. Gibt es überhaupt irgendwo Harmonie, oder gibt es nur ewige Unordnung? Wenn es Harmonie gibt, auf welcher Ebene kann sie vorhanden sein? Oder existiert sie nur auf dem Gipfel eines Berges, von dem die heißen Täler niemals etwas wissen können?

Krishnamurti: Kann man von dem einen zum anderen gehen? Kann man das, was ist, in das verwandeln, was nicht ist? Kann Disharmonie in Harmonie umgewandelt werden?

Frager: Ist denn Konflikt notwendig? Im Grunde genommen mag er vielleicht die natürliche Ordnung der Dinge sein.

Krishnamurti: Wenn man das annähme, würde man alles akzeptieren müssen, wofür die Gesellschaft einsteht: Kriege, ehrgeiziger Wettstreit, eine aggressive Lebensführung – die ganze brutale Gewalttätigkeit des Menschen innerhalb und außerhalb seiner sogenannten heiligen Stätten. Ist das natürlich? Wird das eine Einheit hervorbringen? Wäre es nicht besser für uns, diese beiden Tatsachen eingehend zu betrachten: die Tatsache des Konfliktes mit all seinen komplizierten Kämpfen und die Tatsache, daß der Mensch nach Ordnung, Harmonie, Frieden, Schönheit, Liebe verlangt?

Frager: Ich weiß nichts über Harmonie. Ich sehe sie am Firmament, in den Jahreszeiten, in der mathematischen Ordnung des Universums. Aber das schafft im eigenen Geist und Herzen keine Ordnung. Die absolute Ordnung der Mathematik ist nicht meine Ordnung. In mir ist keine Ordnung, ich bin im Zustand tiefer Unordnung. Ich weiß, daß es verschiedene Theorien gibt über eine allmähliche Evolution hin zu der sogenannten Vollkommenheit politischer Utopien und religiöser Himmel, aber das beläßt mich da, wo ich tatsächlich bin. Die Welt mag vielleicht von jetzt an in zehntausend Jahren vollkommen sein, aber in der Zwischenzeit lebe ich in der Hölle.

Krishnamurti: Wir sehen die Unordnung in uns und in der Gesellschaft. Beide sind sehr komplex. Da gibt es wirklich keine Antworten. Man kann das alles sehr sorgfältig prüfen, es genau analysieren, nach den Ursachen der Unordnung in sich und in der Gesellschaft Ausschau halten, sie dem Licht aussetzen und vielleicht glauben, daß man sich von ihnen befreien wird. Durch diesen analytischen Prozeß gehen die meisten Menschen, intelligent oder geistlos, doch bringt es niemanden sehr weit. Der Mensch hat sich seit Jahrtausenden analysiert und nichts als Literatur hervorgebracht! Die vielen Heiligen haben sich in Vorstellungen und ideologischen Gefängnissen paralysiert; sie leben auch in Konflikt. Die Ursache unseres Konfliktes ist die unaufhörliche Dualität des Wünschens, der endlose Korridor der Gegensätze, die Neid, Gier, Ehrgeiz, Aggression, Furcht und alles übrige hervorrufen. Nun möchte ich gern wissen, ob es nicht eine gänzlich andere Einstellung zu diesem Problem gibt. Die Hinnahme dieses Kampfes und unsere ganzen Anstrengungen, um da herauszukommen, sind zur Tradition geworden. Die ganze Einstellung ist traditionsgebunden. In dieser traditionellen Art operiert der Mensch, aber wie wir sehen, wird dadurch nur mehr Unordnung geschaffen. So ist das Problem nicht, wie wir die Unordnung beenden können, sondern vielmehr, ob der Geist, von der Tradition befreit, auf diese Unordnung schauen kann. Und dann mag es überhaupt kein Problem geben.

Frager: Ich vermag Ihnen überhaupt nicht zu folgen.

Krishnamurti: Da ist die Tatsache der Unordnung. Darüber gibt es keinen Zweifel: das ist eine wirkliche Tatsache. Die traditionelle Einstellung auf diese Tatsache ist, sie zu analysieren, zu versuchen, die Ursache zu entdecken und sie zu überwinden oder ihren Gegensatz zu erfinden und dafür zu kämpfen. Das ist die traditionelle Einstellung mit ihren Vorschriften, ihrem Drill, ihren Kontrollen, Unterdrückungen, Sublimierungen. Der Mensch hat das seit vielen Jahrtausenden getan; es hat nirgendwohin geführt. Können wir diese Einstellung völlig aufgeben und gänzlich anders auf das Problem schauen – das heißt, ohne den Versuch, darüber hinauszugelangen oder es zu lösen oder es zu überwinden oder davor zu fliehen? Kann der Mensch das tun?

Frager: Vielleicht ...

Krishnamurti: Antworten Sie nicht so schnell! Das ist eine gewaltige Frage, die ich Ihnen stelle. Seit dem Anfang der Zeiten hat der Mensch versucht, mit seinen Problemen dadurch fertig zu werden, daß er entweder darüber hinausging, sie löste, sie überwand oder vor ihnen floh. Glauben Sie bitte nicht, Sie könnten das alles so leicht beiseite stoßen, einfach durch eine verbale Zustimmung; daraus besteht ja die eigentliche Struktur des menschlichen Geistes. Kann sich der Mensch nun, wenn er das alles nicht nur dem Worte nach versteht, tatsächlich von der Tradition befreien? Der traditionelle Weg, mit dem Konflikt fertig zu werden, löst ihn niemals, sondern fügt nur mehr Konflikt hinzu. Wenn ich gewalttätig bin – und das bedeutet Konflikt –, führe ich durch den Versuch, nicht gewalttätig zu werden, einen zusätzlichen Konflikt herbei. Jede soziale Moral und alle religiösen Vorschriften sind dieser Art. Verstehen wir uns?

Frager: Ja!

Krishnamurti: Sehen Sie nun, wie weit wir gekommen sind? Welches ist jetzt der tatsächliche Zustand des Geistes, nachdem wir durch Verständnis alle traditionellen Einstellungen verworfen haben? Denn der Zustand des Geistes ist weit wichtiger als der Konflikt selbst.

Frager: Ich weiß es wirklich nicht.

Krishnamurti: Warum wissen Sie es nicht? Warum sind Sie des Zustandes Ihres Geistes nicht gewahr, wenn Sie tatsächlich die traditionelle Einstellung aufgegeben haben? Warum wissen Sie es nicht? Entweder Sie haben sie aufgegeben, oder Sie haben es nicht getan. Wenn Sie es getan haben, würden Sie es wissen. Wenn Sie sie aufgegeben haben, dann kann Ihr unschuldig gewordener Geist auf dieses Problem schauen. Sie können auf das Problem schauen, als geschähe es zum ersten Mal. Und wenn Sie es tun, gibt es dann überhaupt noch das Problem des Konflikts? Weil Sie mit den alten Augen auf das Problem schauen, wird es nicht nur verstärkt, sondern bewegt sich weiter auf seinem ausgetretenen Pfad. Wichtig ist also, wie Sie auf das Problem schauen, ob Sie es mit neuen oder alten Augen tun. Die neuen Augen sind von den beschränkten Reaktionen auf das

Problem befreit. Schon das Problem durch Wiedererkennen zu benennen, bedeutet, sich ihm in der traditionellen Art zu nähern. Rechtfertigung, Verdammung oder die Übertragung des Problems in Begriffe von Lust und Leid gehören alle zu dieser gewohnheitsmäßigen, traditionellen Einstellung, etwas dafür zu tun. Das wird im allgemeinen positive Handlung in bezug auf das Problem genannt. Aber wenn der Geist das alles beiseite fegt, weil es unwirksam, unintelligent ist,dann ist er in hohem Maße sensitiv geworden, voller Ordnung und frei.

Frager: Sie verlangen zu viel von mir; ich kann es nicht tun. Ich bin dazu unfähig. Sie verlangen von mir, übermenschlich zu sein!

Krishnamurti: Sie schaffen sich selbst Schwierigkeiten, blockieren sich, wenn Sie sagen, Sie müßten übermenschlich werden. Es ist nichts dergleichen. Sie schauen weiterhin auf die Dinge mit Augen, die sich einmischen wollen, die etwas für das tun wollen, was die Augen sehen. Hören Sie auf, irgend etwas in dieser Richtung zu tun, denn was immer Sie auch tun, es gehört zu der traditionellen Einstellung. Das ist alles. Seien Sie einfach. Das ist das Wunder der Wahrnehmung – wahrzunehmen mit einem Herzen und einem Geist, die vollkommen gereinigt sind von der Vergangenheit. Negation ist die positivste Handlung.

RELIGIÖSES LEBEN

Frager: Ich würde gerne wissen, was ein religiöses Leben ist. Ich habe mehrere Monate in Klöstern zugebracht, meditiert, ein diszipliniertes Leben geführt und habe sehr viel gelesen. Ich bin in verschiedenen Tempeln, Kirchen und Moscheen gewesen. Ich habe versucht, ein sehr einfaches, unschuldiges Leben zu führen und weder Menschen noch Tiere zu verletzen. Das ist sicherlich nicht alles, was zu einem religiösen Leben gehört. Ich habe Yoga praktiziert, Zen studiert und viele religiöse Vorschriften befolgt. Ich bin und war immer ein Vegetarier. Wie Sie sehen, werde ich jetzt alt, und ich habe mit einigen Heiligen in verschiedenen Teilen der Welt gelebt, aber irgendwie fühle ich, daß das nur die Peripherie des Eigentlichen ist. So würde ich gerne, wenn es möglich ist, heute darüber diskutieren, was für Sie ein religiöses Leben ist.

Krishnamurti: Ein Sannyasi suchte mich eines Tages auf, und er war traurig. Er sagte, er hätte ein Gelübde der Keuschheit abgelegt und die Welt verlassen, um ein Bettelmönch zu werden, von Dorf zu Dorf wandernd. Aber seine sexuellen Wünsche waren so gebieterisch, daß er sich eines Morgens entschied, seine Sexualorgane chirurgisch entfernen zu lassen. Viele Monate lang hatte er ständige Schmerzen, aber irgendwie heilte es, und nach vielen Jahren erkannte er in vollem Ausmaß, was er getan hatte. Und so kam er zu mir, und in diesem kleinen Raum fragte er mich, was er nach dieser Verstümmelung jetzt tun könne, um wieder normal zu werden – natürlich nicht körperlich, sondern innerlich. Er hatte es getan, weil das Sexuelle als etwas betrachtet wurde, das dem religiösen Leben widersprach. Es wurde als weltlich angesehen, der Welt des Vergnügens zugehörig, die ein echter Sannyasi um jeden Preis vermeiden müsse. Er sagte: «Hier bin ich; beraubt meiner Männlichkeit fühle ich mich völlig verloren. Ich kämpfte so hart gegen meine sexuellen Wünsche, versuchte sie zu kontrollieren, und schließlich geschah dieses Schreckliche mit mir. Was soll ich nun tun? Ich weiß, daß das, was ich tat, falsch war. Meine Energie ist fast dahin, und ich scheine mein Leben in Dunkelheit zu beenden.» Er hielt meine Hand, und wir saßen einige Zeit schweigend beieinander.

Ist das ein religiöses Leben? Ist die Verneinung der Freude oder der Schönheit ein Weg, der zu einem religiösen Leben hinführt? Die Schönheit des Himmels und der Hügel und der menschlichen Gestalt zu verneinen, wird das zu einem religiösen Leben führen? Aber gerade das glauben die meisten Heiligen und Mönche. Sie martern sich in diesem Glauben. Kann ein gequälter, entstellter, verzerrter Geist jemals entdecken, was ein religiöses Leben ist? Doch alle Religionen behaupten, daß der einzige Weg zur Realität oder zu Gott oder wie immer man es benennen mag, durch diese Folterung, diese Verkrampfung führt. Sie alle machen den Unterschied zwischen dem, was sie ein spirituelles oder religiöses Leben nennen und dem, was sie als weltliches Leben bezeichnen.

Ein Mensch, der nur dem Genuß lebt mit gelegentlichen Ausbrüchen von Kummer und Frömmigkeit, dessen ganzes Leben dem Vergnügen und der Zerstreuung gehört, ist natürlich ein weltlicher Mensch, obgleich er außerdem sehr klug, sehr gebildet sein mag und vielleicht sein Leben mit den Gedanken anderer Menschen oder seinen eigenen füllt. Und ein Mensch, der eine Gabe hat und sie zum Nutzen der Gesellschaft anwendet oder zu seiner eigenen Freude und der in der Erfüllung dieser Begabung Ruhm erntet, solch ein Mensch ist sicherlich auch ein Weltling. Aber es ist auch weltlich, zur Kirche oder in den Tempel oder in die Moschee zu gehen, um zu beten, versunken in Vorurteile, Bigotterie, und dabei der Brutalität, die darin enthalten ist, völlig unbewußt zu sein. Es ist weltlich, patriotisch, nationalistisch, idealistisch zu sein. Der Mensch, der sich in ein

Kloster einschließt, der zu bestimmten Stunden aufsteht, mit einem Buch in der Hand, der liest und betet, ist gewiß auch weltlich. Und der Mensch, der hinausgeht, um gute Werke zu tun, sei es als Sozialreformer oder als Missionar, gleicht genau dem Politiker in seinen weltlichen Geschäften. Die Trennung zwischen dem religiösen Leben und der Welt ist der wahre Kern der Weltlichkeit. Die Gedanken all dieser Menschen – Mönche, Heilige, Reformer – sind nicht sehr verschieden von den Gedanken derjenigen, die sich nur mit Dingen abgeben, die ihnen Vergnügen bereiten.

Darum ist es wichtig, das Leben nicht in ein weltliches und ein nicht-weltliches einzuteilen. Es ist wichtig, nicht die Unterscheidung zwischen dem Weltlichen und dem sogenannten Religiösen zu machen. Ohne die Welt der Materie, die stoffliche Welt wären wir nicht hier. Ohne die Schönheit des Himmels und den einsamen Baum dort auf dem Hügel, ohne diese Frau, die vorübergeht und jenen Mann, der vorbereitet, wäre Leben nicht möglich. Wir beschäftigen uns mit der Ganzheit des Lebens, nicht mit einem besonderen Teil, der im Gegensatz zu dem übrigen für religiös gehalten wird. So beginnt man zu erkennen, daß ein religiöses Leben sich mit dem Ganzen und nicht mit dem Besonderen befaßt.

Frager: Ich verstehe, was Sie sagen. Wir müssen uns mit der Ganzheit des Lebens befassen; wir können die Welt nicht von dem sogenannten Geistigen trennen. So ist dann die Frage, auf welche Art und Weise wir im Hinblick auf die Tatsachen des Lebens religiös handeln können.

Krishnamurti: Was verstehen wir unter religiösem Handeln? Meinen wir damit nicht eine Lebensweise, in der es keine Spaltung gibt, keine Einteilung in das Weltliche und das Religiöse, in das was sein sollte und das was nicht sein sollte, in mein und dein, in Zuneigung und Abneigung? Diese Einteilung ist Konflikt. Ein Leben des Konflikts ist kein religiöses Leben. Ein religiöses Leben ist nur möglich, wenn wir den Konflikt gründlich verstehen. Dieses Verständnis ist Intelligenz. Diese Intelligenz handelt richtig. Was die meisten Menschen Intelligenz nennen, ist nur Geschicklichkeit für irgendeine technische Tätigkeit oder geschäftliche Verschlagenheit oder politische Schikane.

Frager: So bedeutet meine Frage in Wirklichkeit, wie man ohne Konflikt leben und den Zustand wahrer Heiligkeit hervorbringen kann, der nicht einfach gefühlsmäßige Frömmigkeit ist, bedingt durch irgendeinen religiösen Käfig, ganz gleich wie alt und verehrt der Käfig ist.

Krishnamurti: Ein Mensch, der ohne allzuviel Konflikt in einem Dorf lebt oder in einer Höhle auf einem «geweihten» Hang dahinträumt, führt gewiß nicht das religiöse Leben, über das wir sprechen. Konflikt zu beenden ist eine höchst schwierige Sache. Es erfordert Selbst-Beobachtung und ein sensitives Bewußtsein vor dem Äußeren wie auch vor dem Inneren. Konflikt kann nur aufhören, wenn man den Widerspruch in sich selbst versteht. Dieser Widerspruch wird immer bestehen, solange man nicht von dem Bekannten, von der Vergangenheit frei ist. Freiheit von der Vergangenheit heißt im Jetzt zu leben, das außerhalb der Zeit liegt – und nur darin gibt es diese Freiheit, unberührt durch die Vergangenheit, durch das Bekannte.

Frager: Was meinen Sie mit Freiheit von der Vergangenheit?

Krishnamurti: Die Vergangenheit besteht aus allen unseren angehäuften Erinnerungen. Diese Erinnerungen handeln in der Gegenwart und verursachen unsere Hoffnungen und Ängste im Hinblick auf die Zukunft. Diese Hoffnungen und Ängste *sind* die psychologische Zukunft; ohne sie gibt es keine Zukunft. So ist die Gegenwart die Handlung der

Vergangenheit, und der Geist ist diese Bewegung der Vergangenheit. Die Vergangenheit, die in der Gegenwart handelt, schafft das, was wir Zukunft nennen. Diese Reaktion der Vergangenheit geschieht unabsichtlich, sie wird nicht herbeigerufen oder eingeladen, sie überkommt uns, bevor wir es wissen.

Frager: Wenn das so ist, wie können wir davon frei werden?

Krishnamurti: Dieser Bewegung ohne wertende Unterscheidung gewahr zu sein – denn Auswahl ist wiederum eine Verstärkung dieser gleichen Bewegung der Vergangenheit –, bedeutet, die Vergangenheit in der Aktion wahrzunehmen. Solche Beobachtung ist *keine* Bewegung der Vergangenheit. Zu beobachten ohne Denkbilder ist eine Handlung, in der die Vergangenheit aufgehört hat. Den Baum wahrzunehmen ohne zu denken, ist Handlung ohne Vergangenheit. Die Wirksamkeit der Vergangenheit wahrzunehmen, ist wiederum eine Handlung ohne die Vergangenheit. Der Zustand des Sehens ist weit wichtiger als das, was gesehen wird. Die Vergangenheit in dieser unterscheidungsfreien Beobachtung wahrzunehmen bedeutet nicht nur, anders zu handeln, sondern anders zu sein. In dieser Bewußtheit handelt die Erinnerung ohne Behinderung und ist wirkungsvoll. Religiös zu sein bedeutet so wertungsfrei gewahr zu sein, daß man von dem Bekannten frei ist, selbst dann, wenn das Bekannte handelt, wo immer es nötig ist.

Frager: Aber das Bekannte, die Vergangenheit handelt doch manchmal, selbst wenn sie das nicht sollte; es handelt dennoch und ruft Konflikt hervor.

Krishnamurti: Das wahrzunehmen bedeutet auch, in einem Zustand des Nichthandelns zu sein im Hinblick auf die Vergangenheit, die handelt. So ist Freiheit von dem Bekannten das wahrhaft religiöse Leben. Das bedeutet nicht, das Bekannte auszulöschen, sondern in eine gänzlich andere Dimension einzutreten, von der aus das Bekannte betrachtet wird. Diese Handlung des wertungsfreien Sehens ist die Handlung der Liebe. Das religiöse Leben ist diese Handlung, und alles Leben ist diese Handlung, und der religiöse Geist ist diese Handlung. So sind Religion und Geist und Leben und Liebe eines.

DAS GANZE SEHEN

Frager: Wenn ich Ihnen zuhöre, scheine ich das, worüber Sie sprechen, zu verstehen – nicht nur dem Worte nach, sondern auf einer viel tieferen Ebene. Ich bin Teil davon; ich begreife völlig und mit meinem ganzen Sein die Wahrheit dessen, was Sie sagen. Mein Gehör ist geschärft, und da ich die Blumen, die Bäume und jene schneebedeckten Berge sehe, fühle ich, daß ich ein Teil von ihnen bin. In diesem Gewahrsein habe ich keinen Konflikt, gibt es keinen Widerspruch. Es ist so, als ob ich alles tun könnte, und was immer ich auch täte, wäre richtig, würde weder Konflikt noch Leid erzeugen. Aber dieser Zustand hält unglücklicherweise nicht an. Vielleicht währt er eine oder zwei Stunden, während ich Ihnen zuhöre. Wenn ich diese Vorträge verlasse, scheint sich alles zu verflüchtigen, und ich bin wieder dort, wo ich war. Ich versuche meiner selbst bewußt zu sein; ich halte die Erinnerung an den Zustand wach, in dem ich war, als ich Ihren Reden lauschte; ich versuche ihn zu erreichen, ihn festzuhalten, und das wird zu einem Kampf. Sie haben gesagt: «Seien Sie Ihres Konfliktes bewußt, lauschen Sie Ihrem Konflikt, sehen Sie die Ursachen Ihres Konflikts – des Konfliktes, der Sie selbst sind.» Ich bin meines Konfliktes, meiner Pein, meiner Sorgen, meiner Verwirrung bewußt, aber dieses Gewahrsein löst in keiner Weise diese Dinge. Im Gegenteil, ihrer bewußt zu sein, scheint ihnen Vitalität und Dauer zu verleihen. Sie sprechen von unterscheidungsfreiem Gewahrsein, was in mir einen weiteren Kampf auslöst, denn ich wähle ständig und bin voller Urteile und Meinungen. Ich habe diese Bewußtheit auf eine besondere, mir eigene Gewohnheit gerichtet, und sie ist nicht vergangen. Wenn man einen Konflikt oder eine Spannung wahrnimmt, schaut dieses selbe Bewußtsein unentwegt darauf, um zu sehen, ob sie bereits verschwunden sind. Und gerade dadurch scheint man daran erinnert zu werden, und man wird sie niemals los.

Krishnamurti: Gewahrsein ist keine Bindung an etwas. Gewahrsein ist eine Betrachtung sowohl des Äußeren wie des Inneren, in der die Lenkung aufgehört hat. Sie nehmen wahr, aber das Ding, dessen Sie gewahr sind, wird dadurch nicht belebt oder genährt. Gewahrsein ist keine Konzentration auf etwas. Es ist keine Handlung des Willens, der sich aussucht, wessen er gewahr sein will, und der es analysiert, um ein bestimmtes Resultat zu erzielen. Wenn Gewahrsein vorsätzlich auf ein bestimmtes Objekt gerichtet wird, wie zum Beispiel auf einen Konflikt, so ist das eine Handlung des Willens, ist also Konzentration. Wenn Sie sich konzentrieren, das heißt, wenn Sie Ihre ganze Energie und Ihr Denken innerhalb der ausgewählten Begrenzung einsetzen, sei es, daß Sie ein Buch lesen oder Ihren Ärger beobachten, dann wird in dieser Ausschließlichkeit das Objekt, auf das Sie sich konzentrieren, gestärkt, genährt. Wir müssen hier also die Natur des Gewahrseins verstehen, wir müssen verstehen, worüber wir sprechen, wenn wir das Wort Gewahrsein gebrauchen. Nun, Sie können entweder ein bestimmtes Objekt wahrnehmen oder dieses als Teil des Ganzen sehen. Das Besondere für sich allein hat wenig Bedeutung, aber wenn Sie das Ganze sehen, dann hat das Besondere eine Beziehung zum Ganzen. Nur in dieser Beziehung hat das Besondere seine richtige Bedeutung; es wird nicht übergewichtig, es wird nicht überbewertet. So ist die wirkliche Frage, ob man den ganzen Lebensprozeß sieht oder ob man auf das einzelne konzentriert ist, womit man den Gesamtbereich des Lebens nicht erfaßt. Des gesamten Bereichs gewahr zu sein, heißt auch das Besondere zu sehen, aber gleichzeitig dessen Beziehung zum Ganzen zu verstehen. Wenn Sie ärgerlich sind und nur an der Beendigung dieses Ärgers interessiert sind, dann konzentrieren Sie Ihre Aufmerksamkeit auf den Ärger, und das Ganze entschlüpft Ihnen, und der Ärger wird verstärkt. Aber der Ärger steht zu dem Ganzen in Wechselbeziehung. Wenn wir daher das Einzelne vom Ganzen trennen, brütet das Einzelne seine eigenen Probleme aus.

Frager: Was meinen Sie damit, das Ganze zu sehen? Was ist diese Ganzheit, über die Sie sprechen, dieses umfassende Gewahrsein, in dem das Besondere ein Einzelteil ist? Ist es eine mysteriöse, mystische Erfahrung? Wenn es das ist, sind wir völlig verloren. Oder meinen Sie vielleicht, daß es einen Gesamtbereich des Daseins gibt, von dem der Ärger ein Teil ist, und daß die umfassende Wahrnehmung blockiert wird, wenn man sich mit dem Teil beschäftigt? Aber was ist diese umfassende Wahrnehmung? Ich kann das Ganze doch nur durch alle seine Einzelheiten sehen, und welches Ganze meinen Sie? Sprechen Sie über das Ganze des Geistes oder das Ganze des Daseins oder das Ganze meines Selbst oder das Ganze des Lebens? Welches Ganze meinen Sie, und wie kann ich es sehen?

Krishnamurti: Den ganzen Bereich des Lebens: den Geist, die Liebe, jegliches Ding, das es im Leben gibt.

Frager: Wie ist es für mich möglich, das alles zu sehen? Ich kann verstehen, daß alles, was ich sehe, partiell ist, und daß mein ganzes Gewahrsein ein Wahrnehmen der Einzelheiten ist und daß dadurch das einzelne verstärkt wird.

Krishnamurti: Wir wollen es auf diese Weise ausdrücken: Nehmen Sie mit Ihrem Geist und Ihrem Herzen getrennt wahr, oder ist Ihr Sehen, Hören, Fühlen, Denken ein Ganzes und nicht bruchstückhaft?

Frager: Ich weiß nicht, was Sie meinen.

Krishnamurti: Sie hören ein Wort, Ihr Verstand sagt Ihnen, daß es eine Beleidigung ist, Ihr Gefühl sagt Ihnen, daß Sie das nicht mögen, Ihr Verstand mischt sich wiederum ein, um zu kontrollieren oder zu rechtfertigen und so weiter. Und wo der Verstand einen Schlußstrich gezogen hat, übernimmt wiederum das Gefühl die Führung. Auf diese Weise entfesselt ein Ereignis eine Kettenreaktion in verschiedenen Bereichen Ihres Wesens. Was Sie hören, wurde zerbrochen, wurde zerstückelt, und wenn Sie sich auf eines dieser Fragmente konzentrieren, verfehlen Sie den totalen Prozeß des Hörens. Hören kann fragmentarisch oder es kann total sein, kann mit Ihrem ganzen Sein geschehen. Mit der Wahrnehmung des Ganzen meinen wir also eine Wahrnehmung mit Ihren Augen, Ihren Ohren, Ihrem Herzen, Ihrem Geist, nicht eine Wahrnehmung mit jedem Organ einzeln. Es bedeutet, Ihre vollkommene Achtsamkeit hinzuwenden. In dieser Achtsamkeit hat das Besondere, wie zum Beispiel der Ärger, eine ganz andere Bedeutung, da er in Wechselbeziehung zu vielen anderen Problemen steht.

Frager: Wenn Sie davon sprechen, das Ganze zu sehen, meinen Sie ein Sehen mit dem ganzen Sein; es ist eine Frage der Qualität, nicht der Quantität. Ist das richtig?

Krishnamurti: Ja, genau. Aber *sehen* Sie ganz und gar auf diese Art, oder formulieren Sie es nur? Sehen Sie den Ärger mit Ihrem Herzen, Ihrem Geist, Ihren Ohren und Augen? Oder sehen Sie den Ärger als etwas, das keine Beziehung zu dem hat, was sonst noch in Ihnen ist, wodurch er so große Bedeutung erlangt? Wenn Sie hingegen dem Ganzen Bedeutung geben, vergessen Sie das Besondere nicht.

Frager: Aber was geschieht mit dem Besonderen, dem Ärger?

Krishnamurti: Sie nehmen den Ärger mit Ihrem ganzen Wesen wahr. Wenn Sie es tun, ist da noch Ärger? Unachtsamkeit ist Ärger, Achtsamkeit nicht. Wenn Sie also mit Ihrem ganzen Wesen achtsam sind, sehen Sie das Ganze, wenn Sie hingegen unachtsam sind, sehen Sie nur das Einzelne. Des Ganzen und des Einzelnen gewahr zu sein und der Beziehung zwischen den beiden: das ist das Problem. Wir trennen das einzelne von dem übrigen und versuchen es zu lösen; dadurch vergrößert sich der Konflikt, und es gibt keinen Weg da heraus.

Frager: Wenn Sie also davon sprechen, nur das einzelne, zum Beispiel den Ärger zu sehen, meinen Sie, daß wir dann nur mit einem Teil unseres Seins darauf schauen?

Krishnamurti: Wenn Sie auf das einzelne mit einem Teil Ihres Seins schauen, dann erweitert sich die Kluft zwischen diesem einzelnen und dem Teilstück, das darauf schaut, und dadurch vergrößert sich der Konflikt. Wenn es keine Trennung gibt, ist kein Konflikt da.

Frager: Meinen Sie, daß es zwischen dem Ärger und mir keine Trennung gibt, wenn ich mit meinem ganzen Sein darauf schaue?

Krishnamurti: Genau. Tun Sie das tatsächlich oder reden Sie nur so? Was geschieht tatsächlich? Das ist weit wichtiger als Ihre Frage.

Frager: Sie fragen mich, was geschieht. Ich versuche einfach, Sie zu verstehen.

Krishnamurti: Versuchen Sie, mich zu verstehen oder sehen Sie die Wahrheit dessen, worüber wir sprechen – was mit mir gar nichts zu tun hat? Wenn Sie tatsächlich die Wahrheit dessen sehen, worüber wir sprechen, dann sind Sie Ihr eigener Guru und Ihr eigener Schüler, und das heißt, daß Sie sich selbst verstehen. Dieses Verstehen kann nicht von einem anderen gelernt werden.

MORAL

Frager: Was bedeutet es, tugendhaft zu sein? Was läßt uns rechtschaffen handeln? Welche Grundlage hat die Moral? Wie kann ich wissen, was Tugend ist, ohne um sie zu kämpfen? Ist es ein Endzustand?

Krishnamurti: Können wir die Moral der Gesellschaft, die in Wirklichkeit völlig unmoralisch ist, ausschalten? Deren Moral ist konventionell geworden, bestätigt durch religiöse Sanktionen; und die Moral einer Gegenrevolution wird auch sehr bald ebenso unmoralisch und konventionell werden wie die der fest etablierten Gesellschaft. Mit dieser Moral zieht man in den Krieg, tötet man, ist aggressiv, sucht Macht und gibt dem Haß nach; sie umfaßt die ganze Grausamkeit und Ungerechtigkeit der geltenden Autorität. Das hat nichts mit Moral zu tun. Aber kann man wirklich sagen, daß es keine Moral ist? Denn wir sind ja Teil dieser Gesellschaft, ob wir dessen bewußt sind oder nicht. Die Gesellschaftsmoral ist unsere Moral, und können wir sie leichthin beiseite tun? Die Leichtigkeit, mit der wir uns davon lossagen, ist das Kennzeichen unserer Moral – nicht die Anstrengung, die es uns kostet, uns von ihr zu trennen, nicht die Belohnung, nicht die Bestrafung für diese Anstrengung, sondern die völlige Leichtigkeit, mit der wir sie fallen lassen. Wenn unser Verhalten durch die Umwelt, in der wir leben, gelenkt wird, durch sie kontrolliert und geformt wird, dann ist dieses Verhalten mechanisch und schwer belastet. Wenn unser Verhalten das Ergebnis unserer beschränkten Reaktion ist, ist das Moral? Wenn Ihre Handlung auf Furcht und Belohnung basiert, ist sie dann rechtschaffen? Wenn Sie sich korrekt nach irgendeinem ideologischen Konzept oder Prinzip ausrichten, kann diese Handlung als tugendhaft betrachtet werden? So müssen wir damit anfangen herauszufinden, wie weitgehend wir die

Moral der Autorität, der Nachahmung, der Gleichschaltung und des Gehorsams aufgegeben haben. Ist nicht Furcht die Basis unserer Moral? Wenn man sich diese Fragen nicht selbst grundlegend beantwortet, kann man nicht wissen, was es bedeutet, wahrhaft tugendhaft zu sein. Wie wir sagten, ist es von größter Bedeutung, mit welcher Mühelosigkeit Sie aus dieser Heuchelei herauskommen. Wenn Sie sie nur ignorieren, zeigt das nicht an, daß Sie moralisch sind; Sie sind vielleicht nur Psychopat. Wenn Sie ein Leben der Routine und Zufriedenheit führen, liegt darin auch keine Moral. Die Moral des Heiligen, der sich der fest fundierten Tradition der Heiligkeit anpaßt und sich zu ihr bekennt, ist offensichtlich keine Moral. So kann man sehen, daß jede Anpassung an eine Norm, ob sie nun durch die Tradition sanktioniert ist oder nicht, keine lautere Lebenshaltung ist. Nur aus der Freiheit kann Tugend kommen.

Kann man sich mit großer Einsicht aus diesem Netzwerk befreien, das für moralisch gehalten wird? Einsichtige Handlung kommt aus der Freiheit und ebenso die Tugend.

Frager: Kann ich mich von der Gesellschaftsmoral ohne Furcht befreien – mit jener Intelligenz, die Einsicht ist? Ich fürchte mich vor der Vorstellung, von der Gesellschaft als unmoralisch betrachtet zu werden. Die Jugend kann das tun, aber ich stehe im mittleren Alter und habe eine Familie, und mir liegt die Achtbarkeit, der Geist des Bürgerlichen im Blut. Es ist so, und ich fürchte mich.

Krishnamurti: Entweder nehmen Sie die Gesellschaftsmoral an, oder Sie lehnen sie ab. Sie können nicht auf beiden Seiten stehen. Sie können nicht einen Fuß in der Hölle und den anderen im Himmel haben.

Frager: Was soll ich also tun? Ich sehe jetzt, was Moral ist und lebe dennoch jederzeit unmoralisch. Je älter ich werde, um so heuchlerischer werde ich. Ich verachte die Gesellschaftsmoral und begehre dennoch ihre Vorteile, ihren Komfort, ihre Sicherheit, psychologisch und materiell, und die Gepflegtheit eines guten Auftretens. Das ist mein wirklicher, jämmerlicher Zustand. Was soll ich tun?

Krishnamurti: Sie können nichts tun als weiterzuleben wie bisher. Es ist weit besser, Schluß zu machen mit dem Versuch, moralisch zu sein und Schluß zu machen mit dem Versuch, sich mit der Tugend zu befassen.

Frager: Aber das kann ich nicht; ich verlange nach dem anderen! Ich sehe die Schönheit und die Kraft darin und die Sauberkeit. Das, woran ich festhalte, ist schmutzig und häßlich, aber ich kann es nicht lassen.

Krishnamurti: Dann gibt es kein Problem. Sie können nicht Tugend und Achtbarkeit haben. Tugend ist Freiheit. Freiheit ist keine Idee, kein Begriff. Wo Freiheit ist, ist Achtsamkeit, und nur in dieser Achtsamkeit kann das Gute gedeihen.

SELBSTMORD

Frager: Ich würde gerne über Selbstmord sprechen – nicht wegen einer Krise in meinem Leben, nicht, weil ich einen Grund für den Selbstmord habe, sondern weil dieses Problem zwangsläufig auftaucht, wenn man die Tragödie des Alters sieht – die Tragödie des körperlichen Verfalls, den Zusammenbruch des Körpers und den Verlust der Lebenskraft des Menschen im Alter. Gibt es einen Grund, das Leben zu verlängern, wenn man diesen Zustand erreicht, weiterzuleben mit dem kläglichen Rest? Wäre es nicht vielleicht ein Akt der Intelligenz, klar zu erkennen, wenn das Leben seinen Wert verloren hat?

Krishnamurti: Wenn es Intelligenz wäre, die Sie dazu veranlaßt, Ihr Leben zu beenden, hätte diese Intelligenz Ihrem Körper untersagt, vorzeitig zu verschleißen.

Frager: Aber gibt es nicht ein Stadium, in dem selbst die Intelligenz des Geistes diesen Verfall nicht verhindern kann? Schließlich verbraucht sich der Körper – wie kann man erkennen, wann dieser Zeitpunkt da ist?

Krishnamurti: Wir sollten das recht gründlich untersuchen. Darin sind mehrere Dinge enthalten: der Verfall der Körpers, des Organismus, die Senilität des Geistes und die endgültige Untauglichkeit, die Widerstand hervorruft. Wir mißbrauchen den Körper ständig durch Gewohnheit, Geschmacksgelüste und Nachlässigkeit. Der Geschmack diktiert, und das Vergnügen daran lenkt und formt die Aktivität des Organismus. Wenn das geschieht, wird die natürliche Intelligenz des Körpers zerstört. In den Magazinen sieht man eine ungewöhnliche Vielfalt von Nahrungsmitteln, schön gefärbt, die Ihre Geschmacksgelüste reizen, aber man sieht nicht das, was dem Körper zuträglich ist. So töten und zerstören Sie von Jugend an allmählich das Instrument, das in hohem Maße sensitiv und aktiv sein sollte, das wie eine perfekte Maschine funktionieren sollte. Das ist die eine Seite, und dann ist da der Geist, der zwanzig, dreißig oder achtzig Jahre lang in einem ständigen Kampf und Widerstand gelebt hat. Er kennt nur Widerspruch und Konflikt – gefühlsmäßig oder intellektuell. Jede Art von Konflikt ist nicht nur eine Verkrampfung, sondern bringt Zerstörung mit sich. Dieses sind also einige der grundlegenden inneren und äußeren Faktoren des Verfalls – die unaufhörliche egozentrische Aktivität mit ihren isolierenden Prozessen.

Natürlich gibt es die physische Abnutzung des Körpers ebenso wie seinen unnatürlichen Verschleiß. Der Körper verliert seine Fähigkeiten und das Erinnerungsvermögen, und Senilität übermannt ihn allmählich. Sie fragen, ob nicht solch ein Mensch Selbstmord begehen sollte, eine Pille nehmen, die ihn auslöscht. Wer stellt diese Frage – der Senile oder diejenigen, die die Senilität mit Sorge, mit Verzweiflung und Furcht vor dem eigenen Verfall beobachten?

Frager: Offensichtlich wird nach meiner Ansicht die Frage durch die Sorge beim Anblick der Senilität anderer Menschen hervorgerufen, während sie vermutlich bei mir noch nicht eingesetzt hat. Aber gibt es nicht auch eine Handlung der Intelligenz, die einen möglichen Zusammenbruch des Körpers voraussieht und die Frage stellt, ob es nicht einfach eine Kraftverschwendung ist, weiter zu machen, wenn einmal der Organismus nicht länger eines intelligenten Lebens fähig ist?

Krishnamurti: Werden die Ärzte Euthanasie zulassen, werden die Ärzte oder die Regierung es erlauben, daß der Patient Selbstmord begeht?

Frager: Das ist sicherlich eine legale, soziologische oder in der Vorstellung gewisser Leute eine moralische Frage, aber das ist es ja nicht, worüber wir diskutieren, nicht wahr? Wir fragen doch wohl, ob das Individuum das Recht hat, sein Leben zu beenden, nicht, ob die Gesellschaft es erlauben wird.

Krishnamurti: Sie fragen, ob man das Recht hat, sich das Leben zu nehmen – nicht nur, wenn man senil ist oder wenn man merkt, daß die Senilität heranrückt, sondern ob es moralisch richtig ist, Selbstmord zu irgendeiner Zeit zu begehen.

Frager: Ich zögere, den Moralbegriff damit zu verbinden, weil damit Voreingenommenheit verbunden ist. Ich habe versucht, die Frage als eine reine Angelegenheit der Intelligenz zu stellen. Glücklicherweise stehe ich dem Problem im Augenblick nicht persönlich gegenüber, darum glaube ich fähig zu sein, ziemlich leidenschaftslos darauf zu schauen; aber wie lautet die Antwort, wenn die menschliche Intelligenz angesprochen wird?

Krishnamurti: Sie meinen, ob ein intelligenter Mensch Selbstmord begehen kann? Ist es das?

Frager: Oder kann unter gewissen Umständen Selbstmord die Handlung eines intelligenten Menschen sein?

Krishnamurti: Das ist dasselbe. Selbstmord kommt schließlich aus vollkommener Verzweiflung, die durch starke Frustration erzeugt wurde, oder durch unlösbare Furcht oder durch das Bewußtwerden der Sinnlosigkeit einer bestimmten Lebensweise.

Frager: Darf ich unterbrechen, um zu sagen, daß das im allgemeinen so ist, aber ich versuche die Frage außerhalb jeder Motivation zu stellen. Wenn man den Zustand der Verzweiflung erreicht hat, dann ist ein gewaltiges Motiv vorhanden, und es ist schwer, die Emotion von der Intelligenz zu trennen. Ich versuche im Bereich reiner Intelligenz zu bleiben, ohne Emotionen.

Krishnamurti: Sie fragen also, ob Intelligenz den Selbstmord in irgendeiner Form erlaubt. Offensichtlich nicht.

Frager: Warum nicht?

Krishnamurti: Man muß das Wort Intelligenz richtig verstehen. Ist es Intelligenz, die es dem Körper erlaubt, durch Gewohnheit, Schwelgerei, durch Kultivierung des Geschmacks, des Genusses und so fort zu entarten? Ist das Intelligenz, ist das eine Handlung der Intelligenz?

Frager: Nein; aber wenn man einen Punkt im Leben erreicht hat, bis zu dem der Körper in einem gewissen Ausmaß unintelligent behandelt worden sein mag, ohne daß es sich auf ihn ausgewirkt hat, kann man nicht zurückgehen und sein Leben noch einmal durchleben.

Krishnamurti: Werden Sie sich darum der zerstörerischen Natur unserer Lebenshaltung bewußt und machen Sie dem augenblicklich ein Ende – nicht irgendwann in der Zukunft. Die unmittelbare Handlung im Anblick der Gefahr ist ein Akt der Gesundheit, der Intelligenz; das Hinausschieben aber, ebenso wie das Trachten nach Vergnügen zeigen Mangel an Intelligenz.

Frager: Ich sehe das ein.

Krishnamurti: Aber sehen Sie nicht auch ganz sachlich und wirklich, daß der isolierende Prozeß des Denkens mit seiner egozentrischen Aktivität eine Art Selbstmord ist? Isolierung ist Selbstmord, sei es die Isolierung einer Nation oder einer religiösen Organisation, einer Familie oder einer Gemeinschaft. Sie stecken bereits in dieser Falle, die letztlich zum Selbstmord führen wird.

Frager: Meinen Sie das Individuum oder die Gruppe?

Krishnamurti: Das Individuum sowohl wie die Gruppe, beide stecken bereits in der Schablone.

Frager: Was letztlich zum Selbstmord führen wird? Aber es begeht nicht jeder Selbstmord!

Krishnamurti: Sehr richtig, aber der Wunsch zu entrinnen ist bereits als Element vorhanden – der Wunsch, den Tatsachen, dem «was ist» nicht ins Auge zu sehen; und diese Flucht ist eine Art Selbstmord.

Frager: Das, glaube ich, ist der springende Punkt in der Frage, die ich zu stellen versuche, denn nach dem, was Sie eben gesagt haben, scheint Selbstmord eine Ausflucht zu sein. Offensichtlich ist es so in neunundneunzig von hundert Fällen, aber kann es nicht auch sein – und das ist meine Frage –, kann es nicht auch einen Selbstmord geben, der nicht eine Flucht ist, der nicht ein Vermeiden dessen ist, was Sie das «was ist» nennen, sondern der im Gegenteil eine Reaktion der Intelligenz ist auf das «was ist»? Man kann sagen, daß viele Arten der Neurose Formen des Selbstmordes sind; was ich zu fragen versuche ist, ob Selbstmord jemals etwas anderes sein kann als eine neurotische Reaktion. Kann es nicht auch die Reaktion menschlicher Intelligenz sein angesichts eines unhaltbaren menschlichen Zustandes?

Krishnamurti: Wenn Sie die Worte «Intelligenz» und «unhaltbarer Zustand» anwenden, so ist das ein Widerspruch.

Frager: Sie haben gesagt, daß im Anblick eines Abgrundes oder einer giftigen Schlange, die sich zum Angriff anschickt, die Intelligenz eine bestimmte Handlung diktiert, die eine Handlung des Vermeidens ist.

Krishnamurti: Ist es eine Handlung des Vermeidens oder ein Akt der Intelligenz?

Frager: Können sie nicht manchmal das gleiche sein? Wenn ein Auto auf der Landstraße auf mich zukommt und ich ihm ausweiche ...

Krishnamurti: Das ist ein Akt der Intelligenz.

Frager: Aber es ist auch ein Akt des Ausweichens.

Krishnamurti: Aber das ist der Akt der Intelligenz.

Frager: Genau. Gibt es nicht im Leben eine natürliche Konsequenz, wenn das, was uns entgegentritt, unlösbar und tödlich ist?

Krishnamurti: Dann wenden Sie sich ab, wie Sie den Abgrund verlassen: Sie treten hinweg.

Frager: In diesem Fall schließt das Hinwegtreten Selbstmord ein.

Krishnamurti: Nein, Selbstmord ist eine unintelligente Handlung.

Frager: Warum?

Krishnamurti: Ich bin dabei, es Ihnen zu zeigen.

Frager: Meinen Sie, daß Selbstmord unbedingt, unwiderleglich eine neurotische Reaktion auf das Leben ist?

Krishnamurti: Offensichtlich. Es ist eine unintelligente Handlung; es ist ein Akt, der offensichtlich besagt, daß Sie an einen Punkt gelangt sind, wo Sie so vollkommen isoliert sind, daß Sie keinen Ausweg mehr sehen.

Frager: Aber dieser Diskussion wegen versuche ich zu unterstellen, daß es aus der mißlichen Lage keinen Ausweg gibt, daß man nicht aus dem Motiv handelt, Leiden zu vermeiden, daß es kein Zurückweichen vor der Realität ist.

Krishnamurti: Gibt es im Leben ein Ereignis, eine Beziehung, einen Umstand, vor dem Sie nicht zurückweichen können?

Frager: Natürlich, da gibt es viele.

Krishnamurti: Viele? Aber warum bestehen Sie darauf, daß Selbstmord der einzige Ausweg ist?

Frager: Wenn man eine tödliche Krankheit hat, gibt es kein Entrinnen.

Krishnamurti: Geben Sie jetzt acht, hören Sie sorgfältig hin, worüber wir sprechen. Wenn ich Krebs habe, der mein Leben zerstören wird, und der Arzt sagt, «ja, mein Freund, Sie müssen damit leben», was soll ich tun – Selbstmord begehen?

Frager: Möglicherweise.

Krishnamurti: Wir diskutieren theoretisch darüber. Wenn ich persönlich Krebs im Endzustand hätte, dann würde ich entscheiden, ich würde überlegen, was zu tun wäre. Es wäre keine theoretische Frage. Ich würde dann herausfinden, was zu tun am intelligentesten wäre.

Frager: Wollen Sie damit sagen, daß ich eine solche Frage nicht theoretisch stellen darf, sondern nur, wenn ich mich tatsächlich in dieser Lage befinde?
Krishnamurti: Das ist richtig. Dann werden Sie nach Ihrem Zustand handeln gemäß Ihrer Intelligenz, Ihrer Lebenshaltung. Wenn Sie Ihr Leben lang ausgewichen und geflohen sind, also neurotisch reagiert haben, dann werden Sie sicher eine neurotische Haltung einnehmen und danach handeln. Aber wenn Sie ein Leben wirklicher Intelligenz geführt haben – in der totalen Bedeutung dieses Wortes –, dann wird diese Intelligenz zu handeln wissen, wenn Sie Krebs im Endzustand haben. Dann mag ich mich damit abfinden; dann mag ich sagen, daß ich die wenigen mir noch bleibenden Monate oder Jahre leben will.

Frager: Oder Sie mögen das nicht sagen.

Krishnamurti: Oder ich mag das nicht sagen; aber wir wollen nicht behaupten, daß Selbstmord unvermeidlich sei.

Frager: Das sagte ich niemals; ich fragte, ob unter gewissen zwingenden Umständen, wie zum Beispiel bei unheilbarem Krebs, Selbstmord möglicherweise eine intelligente Reaktion auf diese Situation sein könnte.

Krishnamurti: Sehen Sie, etwas daran ist merkwürdig. Das Leben hat Ihnen großes Glück gebracht, das Leben hat Ihnen ungewöhnliche Schönheit geschenkt, das Leben hat Ihnen große Wohltaten erwiesen, und Sie haben mit dem allen gelebt. Wenn Sie unglücklich waren, haben Sie das ebenso hingenommen, und das ist Teil der Intelligenz. Nun haben Sie unheilbaren Krebs, und Sie sagen, «ich kann es nicht länger ertragen, ich muß dem Leben ein Ende setzen». Warum nehmen Sie es nicht an und leben damit und fragen nach seinem Sinn?

Frager: Mit anderen Worten: Auf diese Frage gibt es keine Antwort, bis man selbst in dieser Situation ist.

Krishnamurti: Offensichtlich. Aber sehen Sie, aus diesem Grunde ist es sehr bedeutsam, wie ich glaube, daß wir der Tatsache ins Auge schauen sollten, von Augenblick zu Augenblick das anschauen sollten «was ist», ohne darüber zu theoretisieren. Wenn jemand krank ist, hoffnungslos an Krebs erkrankt oder völlig senil geworden ist – was wäre die intelligenteste Handlung, nicht für den bloßen Beobachter, wie mich, sondern für den Arzt, die Frau oder die Tochter?

Frager: Man kann es wirklich nicht beantworten, weil es das Problem eines anderen Menschen ist.

Krishnamurti: Das ist es, das ist gerade das, was ich sage.

Frager: Und man hat nicht das Recht, so scheint mir, über das Leben oder den Tod eines anderen Menschen zu entscheiden.

Krishnamurti: Aber wir tun es. Alle Tyrannen tun es. Und die Tradition tut es; die Tradition behauptet, daß man auf diese Art leben muß, daß man auf jene Art nicht leben darf.

Frager: Und es ist auch zur Tradition geworden, die Menschen über den Punkt hinaus am Leben zu erhalten, wo die Natur sich geschlagen geben würde. Die Menschen werden durch medizinische Geschicklichkeit am Leben erhalten – zugegeben, es ist schwierig zu definieren, was ein natürlicher Zustand ist –, aber es scheint höchst unnatürlich, so lange zu überleben, wie es viele Menschen heute tun. Aber das ist eine andere Frage.

Krishnamurti: Ja, eine gänzlich andere Frage. Die wirkliche Frage ist, ob Intelligenz den Selbstmord erlaubt – selbst wenn Ärzte gesagt haben, daß man eine unheilbare Krankheit hat. Man kann einem anderen unmöglich sagen, was in einem solchen Fall zu tun ist. Es liegt bei dem Menschen selbst, der diese unheilbare Krankheit hat, gemäß seiner Intelligenz zu handeln. Wenn er wirklich intelligent ist – und das bedeutet, daß er ein Leben geführt hat, das voller Liebe, Sorgfalt, Sensitivität und Zartheit war –, dann wird ein solcher Mensch in dem Augenblick, da sich die Krankheit einstellt, gemäß der Intelligenz handeln, die auch in der Vergangenheit wirksam war.

Frager: Dann ist dieses ganze Gespräch in gewisser Weise bedeutungslos, denn so wird es sich immer abgespielt haben, weil die Menschen unausweichlich entsprechend ihrem Verhalten in der Vergangenheit handeln werden. Sie werden sich entweder eine Kugel durch den Kopf jagen oder sitzen und leiden, bis sie sterben oder etwas tun, was dazwischen liegt.

Krishnamurti: Nein, es ist nicht bedeutungslos gewesen. Hören Sie zu; wir haben verschiedene Dinge entdeckt – zunächst, daß es von höchster Wichtigkeit ist, mit Intelligenz zu leben. Um in einer Art zu leben, die im höchsten Maße intelligent ist, ist eine ungewöhnliche Wachheit von Geist und Körper notwendig, und wir haben die Wachheit des Körpers durch eine unnatürliche Lebensweise zerstört. Wir zerstören auch den Geist, das Gehirn durch Konflikt, durch ständige Unterdrückung, ständige Ausbrüche und durch Gewaltsamkeit. Wenn man also ein Leben führt, das eine Negation dieser Dinge ist, dann wird dieses Leben, diese Intelligenz mit einer unheilbaren Krankheit konfrontiert, in diesem Augenblick richtig handeln.

Frager: Ich habe Ihnen eine Frage über Selbstmord gestellt und sehe, daß mir in der Antwort gesagt wurde, wie man richtig zu leben hat.

Krishnamurti: Es ist der einzige Weg. Ein Mensch, der sich von der Brücke stürzt, fragt nicht, ob er Selbstmord begehen soll, er tut es; es ist vorbei mit ihm. Wenn wir hingegen, die wir in einem gesicherten Haus oder in einem Laboratorium sitzen, die Frage stellen, ob ein Mensch Selbstmord begehen sollte oder nicht, hat das keinen Sinn.

Frager: So ist es eine Frage, die man nicht stellen kann.

Krishnamurti: Nein, sie muß gestellt werden! – Finden Sie heraus, was hinter dieser Frage liegt, was den Frager bewegt, was ihn wünschen läßt, Selbstmord zu begehen. Wir kennen einen Menschen, der niemals Selbstmord begangen hat, obgleich er ständig damit droht, es zu tun, weil er durch und durch träge ist. Er möchte überhaupt nichts tun, er erwartet, von jedem unterstützt zu werden. Solch ein Mensch hat bereits Selbstmord begangen. Der Mensch, der halsstarrig, mißtrauisch und gierig nach Macht und Ansehen ist, hat auch innerlich Selbstmord begangen. Er lebt hinter einer Mauer von Vorstellungen. So ist jeder Mensch, der mit einer Vorstellung von sich, seiner Umwelt, seiner Ökologie, seiner politischen Macht oder seiner Religion lebt, bereits gestorben.

Frager: Mir scheint, Sie wollen damit sagen, daß jedes Leben, das nicht unmittelbar gelebt wird ...

Krishnamurti: Unmittelbar und intelligent!

Frager: ... außerhalb der Schatten der Bilder, des Bedingtseins, des Denkens. Solange man nicht auf diese Art lebt, ist es ein Leben herabgestimmter Art.

Krishnamurti: Natürlich ist es so. Sehen Sie sich die meisten Menschen an; sie leben hinter einer Mauer – hinter der Mauer ihres Wissens, ihrer Wünsche, ihrer ehrgeizigen

Triebe. Sie befinden sich bereits in einem neurotischen Zustand, und diese Neurose gibt ihnen eine gewisse Sicherheit, die die Sicherheit des Selbstmordes ist.

Frager: Die Sicherheit des Selbstmordes!

Krishnamurti: Nehmen wir einen Sänger als Beispiel: für ihn ist die Stimme die größte Sicherheit, und wenn sie verloren geht, ist er bereit, Selbstmord zu begehen. Es ist wirklich erregend und richtig, eine Lebensart herauszufinden, die in hohem Maße sensitiv und überaus intelligent ist, und das ist nicht möglich, solange es Furcht, Unruhe, Gier, Neid, das Aufstellen von Leitbildern gibt oder ein Leben in religiöser Isolierung. Alle Religionen haben diese Isolierung gefördert. Der Gläubige steht eindeutig an der Schwelle des Selbstmordes, denn er hat sein ganzes Vertrauen in einen Glauben gesetzt, und wenn dieser Glaube in Frage gestellt wird, fürchtet er sich und ist bereit, einen anderen Glauben, ein anderes Leitbild anzunehmen, einen anderen religiösen Selbstmord zu begehen. Kann nun ein Mensch ohne jedes Bild, ohne jede Norm, ohne jedes Zeitgefühl leben? Ich meine damit nicht, so zu leben, daß man sich nicht darum kümmert, was morgen geschehen mag oder was sich gestern ereignet hat; so kann man nicht leben. Es gibt Leute, die sagen, «laßt uns die Gegenwart ergreifen und das Beste daraus machen»; das ist auch ein Akt der Verzweiflung. Man sollte wirklich nicht fragen, ob es richtig ist oder nicht, Selbstmord zu begehen; man sollte fragen, was einen Zustand des Geistes erzeugt, der ohne Hoffnung ist – obgleich Hoffnung das falsche Wort ist, denn Hoffnung schließt eine Zukunft ein. Man sollte vielmehr fragen, wie ein Leben zustande kommt, das ohne Zeit ist. Ohne Zeit zu leben bedeutet in Wirklichkeit, das Gefühl großer Liebe zu haben. Liebe hat nichts mit der Zeit zu tun, Liebe ist nicht etwas, das war oder sein wird; das zu erforschen und damit zu leben, ist das eigentliche Problem. Ob Selbstmord zu begehen ist oder nicht, ist das Problem eines Menschen, der bereits zum Teil tot ist. Hoffnung ist das Schrecklichste, was es gibt. War es nicht Dante, der sagte: «Laßt alle Hoffnung fahren, die ihr eintretet in das Inferno»? Für ihn war das Paradies eine Hoffnung – und das ist etwas Schreckliches.

Frager: Ja, Hoffnung ist ihr eigenes Inferno.

DISZIPLIN

Frager: Ich bin in einer eng begrenzten Umwelt aufgewachsen, in strenger Disziplin, nicht nur hinsichtlich des äußeren Verhaltens, vielmehr wurde ich auch angehalten, mich selbst zu disziplinieren, meine Gedanken und Gelüste zu kontrollieren und bestimmte Dinge regelmäßig zu tun. Das Resultat ist, daß ich mich so eingeengt fühle, daß ich nichts leicht, unbeschwert und frohen Herzens tun kann. Wenn ich sehe, was um mich herum in dieser Gesellschaft geschieht, die alles zuläßt – die Schlampigkeit, den Schmutz, das nachläßige Benehmen, die Gleichgültigkeit gegen gute Sitten, bin ich schockiert, obgleich ich zur gleichen Zeit heimlich wünsche, selbst etwas von diesen Dingen zu tun. Die Disziplin hat gewisse Werte gesetzt, wenngleich sie Frustrationen und Verzerrung mit sich brachte; aber sicherlich ist eine gewisse Disziplin notwendig – zum Beispiel schicklich zu sitzen, zu essen wie es sich gehört, mit Sorgfalt zu sprechen. Ohne Disziplin kann man die Schönheiten der Musik, der Literatur oder der Malerei nicht empfinden. Gute Manieren und Schulung lassen im täglichen gesellschaftlichen Verkehr viele Nuancen sichtbar werden. Wenn ich die moderne Generation beobachte, besitzen diese Menschen die Schönheit der Jugend: aber ohne Disziplin wird sie bald dahinschwinden, und sie werden ziemlich unangenehme alte Männer und Frauen werden. Es liegt etwas Tragisches darin. Man sieht einen jungen Menschen, geschmeidig, voller Eifer, schön, mit klaren Augen und einem freundlichen Lächeln, und einige Jahre später sieht man ihn wieder, und er ist fast nicht wiederzuerkennen – nachläßig, abgestumpft, gleichgültig, voller Platitüden, höchst ehrbar, streng, häßlich, verschlossen und sentimental. Sicherlich würde Disziplin ihn gerettet haben. Ich, der ich fast bis an die Grenze des Ertragbaren diszipliniert worden bin, würde gerne wissen, wo der mittlere Weg liegt zwischen dieser duldsamen Gesellschaft und der Kultur, in der ich erzogen worden bin. Gibt es nicht eine Möglichkeit, ohne die Verformung und Verkümmerung der Disziplin zu leben und dennoch im Geiste höchst diszipliniert zu sein?

Krishnamurti: Disziplin bedeutet zu lernen; sie bedeutet nicht, sich anzupassen, zu unterdrücken, das Vorbild nachzuahmen, das eine anerkannte Autorität für edel hält. Das ist eine sehr komplexe Frage, weil verschiedene Dinge darin enthalten sind: zu lernen, einfach zu sein, frei zu sein, sensitiv zu sein und die Schönheit der Liebe zu sehen.

Im Lernen gibt es kein Anhäufen. Wissen ist etwas anderes als Lernen. Wissen ist Anhäufung, Schlußfolgerung, festgelegte Formel, aber Lernen ist eine ständige Bewegung, eine Bewegung ohne ein Zentrum, ohne einen Anfang oder ein Ende. Um sich selbst kennenzulernen, darf es dabei kein Anhäufen geben. Wenn man aufspeichert, ist es kein Lernen über sich selbst, sondern man fügt nur zu dem angesammelten Wissen über sich etwas hinzu. Lernen ist die Freiheit der Wahrnehmung, des Sehens. Und Sie können nicht lernen, wenn Sie nicht frei sind. So ist dieses Lernen Disziplin an sich – Sie brauchen sich nicht zu disziplinieren und dann lernen. Darum ist Disziplin Freiheit und verneint alle Gleichschaltung und Kontrolle, denn Kontrolle ist die Nachahmung einer Schablone. Eine Schablone ist Unterdrückung, Unterdrückung dessen «was ist», und das Erfahren dessen «was ist» wird unmöglich gemacht, wenn es eine Formulierung gibt für das, was gut ist, und das, was schlecht ist. Das Lernen über das «was ist» ist die Freiheit von dem «was ist». So ist Lernen die höchste Form der Disziplin. Lernen verlangt Intelligenz und Sensitivität.

Die Einfachheit, die Strenge des Priesters und des Mönchs ist hart. Sie verneinen bestimmte Triebe, aber nicht solche, die Gewohnheit entschuldigt hat. Der Heilige ist der Triumph harter Gewalt. Strenge wird im allgemeinen gleichgesetzt mit der Selbstverleugnung durch die Brutalität der Disziplin, des Drills und der Gleichschaltung. Der Heilige versucht gleich dem Athleten einen Rekord zu brechen. Das Unrichtige daran zu sehen, erzeugt seine eigene Strenge. Der Heilige ist stumpf und talmihaft. Das einzusehen ist Intelligenz. Solche Intelligenz wird nicht aus dem Gleichgewicht geraten und in das entgegengesetzte Extrem verfallen. Intelligenz ist die Sensitivität, die versteht und daher die Extreme vermeidet. Aber sie ist nicht die berechnende Mittelmäßigkeit, die auf halbem Wege zwischen den beiden stehen bleibt. Das alles klar zu sehen heißt darüber zu lernen. Um es kennen zu lernen, muß man von allen Festlegungen und Vorurteilen frei sein. Solche Festlegungen und Vorurteile sind Beobachtungen von einem Zentrum aus, dem Selbst, das bestimmt und dirigiert.

Frager: Sagen Sie damit nicht einfach, daß man objektiv sein muß, um richtig zu schauen?

Krishnamurti: Ja, aber das Wort objektiv reicht nicht aus. Das, worüber wir sprechen, ist nicht die harte Objektivität des Mikroskops, sondern ein Zustand, in dem es Mitleid, Sensitivität und Tiefe gibt. Disziplin ist, wie wir sagten, Lernen, und über Strenge zu lernen, erzeugt keine Gewalttätigkeit gegen sich oder andere. Disziplin, wie sie im allgemeinen verstanden wird, ist ein Akt des Willens und ist damit Gewaltsamkeit.

Die Menschen in der ganzen Welt scheinen zu glauben, daß Freiheit die Frucht anhaltender Disziplin ist. Klar zu sehen ist an sich Disziplin. Um klar zu sehen, ist Freiheit erforderlich, nicht ein gesteuertes Wunschbild. So liegt Freiheit nicht am Ende der Disziplin, sondern das Verstehen der Freiheit *ist* Disziplin. Die beiden gehen untrennbar zusammen; wenn man sie trennt, ist Konflikt da. Um diesen Konflikt zu überwinden, tritt der Wille in Aktion und erzeugt weiteren Konflikt. Das ist eine endlose Kette. So ist Freiheit am Anfang und nicht am Ende: der Anfang ist das Ende.

Das alles verstehen zu lernen ist Disziplin. Das Lernen verlangt Sensitivität. Wenn Sie nicht vor sich selbst, vor Ihrer Umwelt, vor Ihren Freunden und Bekannten sensitiv sind – wenn Sie nicht feinfühlig vor dem sind, was um Sie herum geschieht, in der Küche oder in der Welt, dann werden Sie, so sehr Sie sich auch selbst disziplinieren mögen, nur immer unempfindlicher, immer egozentrischer –, und das ruft unzählige Probleme hervor. Zu lernen heißt gegenüber sich selbst und der Welt draußen sensitiv zu sein, denn die Welt draußen sind Sie. Wenn Sie im Hinblick auf sich selbst senitiv sind, sind Sie es gezwungenermaßen auch gegenüber der Welt. Diese Sensitivität ist die höchste Form der Intelligenz. Es ist nicht die Sensitivität eines Spezialisten, des Arztes, des Wissenschaftlers oder des Künstlers. Solche Zerstückelung bringt keine Sensitivität hervor.

Wie kann man lieben, wenn man nicht sensitiv ist? Sentimentalität und Gefühlsschwelgerei schließen die Sensitivität aus, weil sie schrecklich grausam sind: sie sind für die Kriege verantwortlich. So ist Disziplin nicht der Drill des Sergeanten, sei es auf dem Exerzierplatz oder in Ihnen selbst – das ist Zwang. Den ganzen Tag zu lernen und auch während des Schlafes, das trägt seine eigene ungewöhnliche Disziplin in sich, die so zart ist wie das frische Frühlingsblatt und so schnell wie das Licht. Darin ist Liebe. Liebe hat ihre eigene Disziplin, deren Schönhet einem Menschen entgeht, der gedrillt, geformt, gequält, kontrolliert wird. Ohne eine solche Disziplin kann der Mensch nicht sehr weit kommen.

WAS IST

Frager: Ich habe mich sehr viel mit Philosophie, Psychologie, Religion und Politik beschäftigt, die alle mehr oder weniger die menschlichen Beziehungen zum Gegenstand haben. Ich habe auch Ihre Bücher gelesen, die sich alle mit Gedanken und Ideen befassen, und irgendwie habe ich das alles satt. Ich bin in einem Ozean von Worten geschwommen, und wo immer ich gehe, sind es nur mehr Worte – und von diesen Worten abgeleitet werden mir Handlungen empfohlen: Ratschläge, Ermahnungen, Versprechungen, Theorien, Analysen, Hilfsmittel. Natürlich tut man das alles beiseite – Sie haben es ja selbst getan. Aber für die meisten Menschen, die Sie gelesen oder gehört haben, sind das, was Sie sagen, bloße Worte. Es mag Menschen geben, für die das alles mehr bedeutet als Worte, für die es äußerst real ist, aber ich spreche von uns übrigen. Ich würde gern über das Wort, über die Idee hinausgelangen und in einer totalen Beziehung zu allen Dingen leben. Denn schließlich ist das das Leben. Sie haben gesagt, daß man sein eigener Lehrer und Schüler sein muß. Kann ich in größter Einfachheit, ohne Prinzipien, Glaubenssätze und Ideale leben? Kann ich frei leben, wohl wissend, daß ich in die Welt verstrickt bin? Krisen klopfen nicht vor ihrem Erscheinen an die Tür: Herausforderungen des täglichen Lebens sind da, bevor man ihrer gewahr ist. Wenn man das alles weiß, wenn man in viele dieser Dinge verstrickt war, verschiedenen Phantomen nachjagend, frage ich mich, wie ich richtig und mit Liebe in Klarheit und anstrengungsloser Freude leben kann. Ich frage nicht nach dem *wie*, sondern nach dem *Leben;* das «wie» verneint das aktuelle Leben. Ein adeliges Leben übt sich nicht im Adel.

Krishnamurti: Nachdem Sie das alles festgestellt haben, wo sind Sie? Möchten Sie wirklich ein gesegnetes und liebevolles Leben führen? Wenn ja, wo liegt dann das Problem?

Frager: Ich wünsche es wirklich, aber irgendwie gelingt es mir nicht. Ich habe seit Jahren das Verlangen, so zu leben, aber ich kann es nicht.

Krishnamurti: Obgleich Sie das Ideal, den Glauben und die Vorschriften ablehnen, stellen Sie spitzfindig und verschlagen dieselben Fragen, die jeder stellt: das ist der Konflikt zwischen dem «was ist» und dem «was sein sollte».

Frager: Selbst ohne das «was sein sollte» sehe ich, daß das «was ist» häßlich ist. Mich selbst zu betrügen, indem ich es nicht sehe, wäre noch schlimmer.

Krishnamurti: Wenn Sie sehen «was ist», dann sehen Sie das Universum, und das «was ist» zu verneinen, ist der Ursprung des Konflikts. Die Schönheit des Universums liegt in dem «was ist»; und mit dem «was ist» ohne Anstrengung zu leben, ist Tugend.

Frager: Das «was ist» schließt auch Verwirrung, Gewalt, jede Art menschlicher Abirrung ein. Damit zu leben ist also das, was Sie Tugend nennen. Aber ist das nicht Gefühllosigkeit, Verrücktheit? Vollkommenheit besteht nicht einfach darin, alle Ideale abfallen zu lassen! Das Leben verlangt, daß ich es schön lebe gleich dem Adler in den Lüften. Das Wunder des Lebens nicht in seiner vollen Schönheit zu leben, ist unannehmbar.

Krishnamurti: Dann leben Sie es!

Frager: Ich kann es nicht, und ich tue es nicht.

Krishnamurti: Wenn Sie es nicht können, dann leben Sie doch weiter in Verwirrung und schlagen Sie sich nicht damit herum. Da Sie das ganze Elend kennen, leben Sie doch damit: das ist das «was ist». Und damit ohne Konflikt zu leben befreit uns davon.

Frager: Wollen Sie damit sagen, daß unser einziger Fehler darin besteht, selbstkritisch zu sein?

Krishnamurti: Durchaus nicht. Sie sind nicht kritisch genug! Sie gehen in Ihrer Selbstkritik nicht weit genug. Eben dieses Wesen, das kritisiert, muß kritisiert, muß geprüft werden. Wenn die Prüfung ein Vergleichen ist, ein Prüfen mit der Elle, dann ist diese Elle das Ideal. Wenn es überhaupt keinen Maßstab gibt – mit anderen Worten, wenn es keinen Verstand gibt, der immer vergleicht und mißt –, können Sie das «was ist» betrachten, und dann ist das «was ist» nicht länger dasselbe.

Frager: Ich beobachte mich ohne einen Meßstab und bin weiterhin häßlich.

Krishnamurti: Alles Prüfen bedeutet, daß ein Meßstab da ist. Aber ist es möglich, so zu beobachten, daß nur beobachtet, nur gesehen wird und nichts sonst – so daß nur Wahrnehmung da ist ohne einen Wahrnehmenden?

Frager: Was meinen Sie?

Krishnamurti: Da ist das unmittelbare Schauen. Das bewertende Schauen ist Einmischung, ist Verzerrung: das ist kein Schauen; es ist vielmehr ein abschätzendes Schauen – die beiden sind verschiedenartig wie Kreide und Käse. Können Sie sich selbst wahrnehmen ohne Verzerrung, nur sich selbst absolut wahrnehmen so wie Sie sind?

Frager: Ja.

Krishnamurti: Gibt es in dieser Wahrnehmung Häßlichkeit?

Frager: In der Wahrnehmung liegt keine Häßlichkeit, nur in dem, was wahrgenommen wird.

Krishnamurti: Die Art wie Sie wahrnehmen, ist das, was Sie sind. Im reinen Schauen liegt die Redlichkeit, das heißt die Achtsamkeit, die ohne Entstellung durch Wertung und Idee ist. Sie kamen, um zu erforschen, wie Sie in Schönheit und mit Liebe leben können. Ohne Verzerrung zu schauen ist Liebe, und die Handlung dieser Wahrnehmung ist die Handlung der Tugend. Diese Klarheit der Wahrnehmung wird jederzeit im Leben handeln. Das bedeutet, gleich dem Adler in den Lüften zu leben; das heißt in Schönheit und voller Liebe zu leben.

DER SUCHER

Frager: Was suche ich eigentlich? Ich weiß es wirklich nicht, aber in mir ist ein großes Verlangen nach etwas, das weit mehr ist als Wohlsein, Vergnügen und Befriedigung durch Erfüllung. Es ergab sich, daß ich das alles gehabt habe, aber das, wonach ich verlange, ist weit mehr – ist etwas von unfaßbarer Intensität, das nach Erlösung schreit, das mir etwas zu sagen versucht. Ich habe dieses Gefühl seit vielen Jahren, aber wenn ich es prüfe, scheine ich nicht fähig zu sein, damit in Kontakt zu kommen. Doch diese Sehnsucht, jenseits der Berge und der Himmel etwas zu finden, ist immer da. Aber vielleicht ist dieses Etwas unmittelbar vor mir, nur sehe ich es nicht. Sagen Sie mir nicht, wie ich schauen soll: Ich habe viele Ihrer Schriften gelesen, und ich weiß, was Sie meinen. Ich möchte meine Hand danach ausstrecken und dieses Ding einfach packen, wohl wissend, daß ich den Wind nicht in meiner Faust festhalten kann. Man sagt, wenn man einen Tumor sauber operiert, kann man ihn unversehrt aus seinem Nistplatz herausschälen. Genauso würde ich gern mit einer Bewegung diese ganze Erde, das Firmament und den Himmel in Besitz nehmen – und augenblicklich zu jener Segensfülle gelangen. Ist das überhaupt möglich? Wie soll ich zu dem anderen Ufer übersetzen, ohne mit einem Boot über das Wasser zu rudern? Ich empfinde das als den einzigen Weg.

Krishnamurti: Ja, das ist die einzige Möglichkeit – sich auf seltsame und unerklärliche Art auf dem anderen Ufer zu finden und von dort aus zu leben, zu handeln und alles zu tun, was man im täglichen Leben macht.

Frager: Ist das nur für die wenigen? Ist es für mich? Ich weiß wirklich nicht, was zu tun ist. Ich habe schweigend gesessen; ich habe studiert, geforscht, mich diszipliniert, und ich glaube es ziemlich vernünftig getan zu haben, und natürlich habe ich seit langem die Tempel, die Schreine und die Priester verworfen. Ich weigere mich, von einem System zum anderen zu gehen; das ist alles zu sinnlos. Sie sehen also, daß ich in völliger Einfachheit hierher gekommen bin.

Krishnamurti: Ich möchte wissen, ob Sie wirklich so einfach sind wie Sie glauben! Aus welcher Tiefe stellen Sie diese Frage und welche Liebe und Schönheit bewegt Sie? Kann Ihr Geist und Ihr Herz das aufnehmen, sind sie empfindungsfähig für das zarteste Gewisper dessen, was unerwartet kommt?
Frager: Wenn es so subtil ist, wie echt ist es dann und wie real? Zeichen von solcher Feinheit sind gewöhnlich flüchtig und unbedeutend.

Krishnamurti: Sind sie es? Muß alles auf der Wandtafel genau ausgeschrieben werden? Lassen Sie uns bitte herausfinden, ob unser Geist und unsere Herzen wirklich fähig sind, das Unermeßliche zu empfangen und nicht bloß das Wort.

Frager: Ich weiß es wirklich nicht, das ist mein Problem. Ich habe fast alles ziemlich einsichtsvoll getan, indem ich all die offensichtlichen Torheiten wie Nationalität, organisierte Religionen, Glaubensrichtungen beiseite getan habe – diese endlose Passage von Nichtigkeiten. Ich glaube, daß ich Mitgefühl habe, und ich glaube, daß mein Geist die Feinheiten des Lebens begreifen kann, aber das ist sicherlich nicht genug. Was ist also erforderlich? Was muß ich tun oder nicht tun?

Krishnamurti: Nichts zu tun ist weit wichtiger als etwas zu tun. Kann der Geist völlig inaktiv und dadurch höchst aktiv sein? Liebe ist nicht die Aktivität des Denkens, sie ist nicht ein gutes Benehmen oder soziale Rechtschaffenheit.

Da man sie nicht kultivieren kann, kann man hinsichtlich der Liebe nichts tun.

Frager: Ich verstehe, was Sie meinen, wenn Sie sagen, daß Nichthandeln die höchste Form der Handlung ist – was ja nicht bedeutet, nichts zu tun. Aber irgendwie kann ich es nicht mit meinem Herzen begreifen. Liegt es vielleicht nur daran, daß das Nichthandeln anscheinend eine Anziehungskraft hat, weil mein Herz leer ist, überdrüssig jeder Handlung? – Nein. Ich komme zu meinem ursprünglichen Gefühl zurück, daß es diese Liebe gibt, und ich weiß auch, daß es allein auf sie ankommt. Aber meine Hand ist weiterhin leer, nachdem ich das gesagt habe.

Krishnamurti: Bedeutet das, daß Sie nicht länger suchen, nicht länger heimlich zu sich selbst sagen: da ist etwas jenseits der fernsten Hügel, das ich erreichen, erlangen muß?

Frager: Sie meinen, daß ich dieses Gefühl aufgeben muß, das ich während so langer Zeit hatte, daß da etwas jenseits aller Hügel ist?

Krishnamurti: Es geht nicht darum, irgend etwas aufzugeben, sondern es gibt, wie wir gerade jetzt sagten, nur diese zwei Dinge: Liebe und den Geist, der leer ist von Gedanken. Wenn Sie wirklich damit Schluß gemacht haben, wenn Sie wirklich den ganzen Torheiten die Tür verschlossen haben, die der Mensch in seiner Suche nach irgend etwas zusammengebastelt hat, wenn Sie wirklich mit dem allen Schluß gemacht haben, sind dann diese Dinge – Liebe und der leere Geist – nur zwei Worte, die sich nicht von anderen Ideen unterscheiden?

Frager: Ich habe ein tiefes Gefühl, daß das nicht der Fall ist, aber ich bin dessen nicht sicher. So frage ich wiederum, was ich tun soll.

Krishnamurti: Wissen Sie, was es bedeutet, mit dem in Kommunion zu sein, was wir gerade über die Liebe und den Geist gesagt haben?

Frager: Ja, ich glaube schon.

Krishnamurti: Ich möchte wissen, ob es wirklich so ist. Wenn eine Kommunion mit diesen beiden Dingen besteht, dann gibt es nichts mehr zu sagen. Wenn eine Kommunion mit diesen beiden Dingen da ist, dann wird jede Handlung von dorther kommen.

Frager: Das Schwierige ist, daß ich weiterhin glaube, daß es etwas zu entdecken gibt, das alles andere auf seinen richtigen Platz bringt, in seine richtige Ordnung.

Krishnamurti: Ohne diese beiden Dinge gibt es keine Möglichkeit weiterzukommen, und es mag überhaupt kein Irgendwohingehen geben!

Frager: Kann ich damit jederzeit in Kommunion sein? Ich sehe wohl, daß ich, wenn wir zusammen sind, irgendwie damit in Kommunion sein kann. Aber kann ich sie aufrecht erhalten?

Krishnamurti: Der Wunsch, sie zu bewahren, ist Gerede, und damit geht sie verloren.

ORGANISATION

Frager: Ich habe vielen Organisationen angehört, religiösen, geschäftlichen und politischen. Offensichtlich müssen wir irgendwelche Organisationen haben; ohne sie könnte das Leben nicht von Bestand sein. Nachdem ich Ihnen zugehört habe, würde ich gerne wissen, welche Beziehung zwischen Freiheit und Organisation besteht. Wo beginnt Freiheit und wo endet Organisation? Welche Beziehung gibt es zwischen religiösen Organisationen und Moksha oder Befreiung?

Krishnamurti: Da wir als Menschen in einer sehr komplexen Gesellschaft leben, sind Organisationen notwendig, um sich zu verständigen, zu reisen, für Nahrung, Kleidung und Obdach zu sorgen, sind sie notwendig für alle Erfordernisse des Zusammenlebens, sei es in den Städten oder auf dem Lande. Nun, das muß zweckvoll und menschlich organisiert werden, nicht nur zum Nutzen und Vorteil für wenige, sondern für jeden, ohne die Trennung nach Nationalität, Rasse oder Klasse. Diese Erde ist die unsere, nicht Ihre oder meine. Um körperlich glücklich zu leben, muß es gesunde, vernünftige, wirkungsvolle Organisationen geben. Jetzt herrscht Unordnung, weil es Einteilung gibt. Millionen hungern, während es zugleich ungeheuren Wohlstand gibt. Es gibt Kriege, Konflikte und jede Art von Brutalität. Dann gibt es die Organisation des Glaubens – die Organisation der Religion, die wiederum Uneinigkeit und Krieg hervorruft. Die Moral, nach der sich der Mensch ausgerichtet hat, hat zu dieser Unordnung und diesem Chaos geführt. Das ist der aktuelle Zustand der Welt. Und wenn Sie nach der Beziehung zwischen Organisation und Freiheit fragen, trennen Sie nicht damit die Freiheit vom täglichen Leben? Wenn Sie die Freiheit solcherart aufteilen, als sei sie etwas vom Leben völlig Verschiedenes, liegt nicht darin schon Konflikt und Unordnung? So lautet denn die Frage in Wirklichkeit: ist es möglich, in Freiheit zu leben und das Leben von dieser Freiheit aus, in dieser Freiheit zu organisieren?

Frager: Dann gäbe es kein Problem. Aber die Organisation des Lebens liegt nicht bei uns, andere machen es für uns – die Regierung und andere schicken uns in den Krieg oder bestimmen unseren Job. So kann man nicht einfach selbst von der Freiheit her organisieren. Der Kernpunkt meiner Frage ist, daß die Organisation, die uns die Regierung, die Gesellschaft, die Moral aufzwingt, nicht Freiheit ist. Und wenn wir uns darüber hinwegsetzen, befinden wir uns mitten in einer Revolution oder irgendeiner soziologischen Reformation, womit der alte Kreislauf immer von neuem beginnt. Innerlich und äußerlich werden wir in die Organisation hineingeboren, die die Freiheit beschränkt. Wir unterwerfen uns entweder oder revoltieren. In dieser Falle sitzen wir fest. Darum scheint es gar nicht zur Debatte zu stehen, aus der Freiheit heraus irgend etwas zu organisieren.

Krishnamurti: Wir erkennen nicht, daß wir die Gesellschaft, diese Unordnung, diese Mauern geschaffen haben; jeder von uns ist dafür verantwortlich. Die Gesellschaft ist das was wir sind; sie unterscheidet sich nicht von uns. Wenn wir in Konflikt sind, habgierig, neidisch, ängstlich, schaffen wir eine entsprechende Gesellschaft.

Frager: Es gibt einen Unterschied zwischen dem einzelnen und der Gesellschaft. Ich bin ein Vegetarier; die Gesellschaft schlachtet Tiere. Ich wünsche nicht in den Krieg zu ziehen; die Gesellschaft will mich zwingen, es zu tun. Wollen Sie mir erzählen, daß dieser Krieg meine Schuld ist?

Krishnamurti: Ja, Sie sind dafür verantwortlich. Sie haben ihn durch Ihren Nationalismus, Ihre Gier, Ihren Neid und Haß hervorgerufen. Sie sind für den Krieg verantwortlich, solange Sie diese Dinge in Ihrem Herzen tragen, solange Sie sich einer Nationalität, einem Glaubensbekenntnis oder einer Rasse zugehörig fühlen. Nur Menschen, die von diesen Dingen frei sind, können sagen, daß sie diese Gesellschaft nicht geschaffen haben. Darum liegt unsere Verantwortung darin, dafür Sorge zu tragen, daß wir uns wandeln und anderen ohne Gewalt und Blutvergießen zur Verwandlung verhelfen.

Frager: Das bedeutet organisierte Religion.

Krishnamurti: Gewiß nicht. Organisierte Religion basiert auf Glauben und Autorität.

Frager: Wie bringt uns das weiter in unserer ursprünglichen Frage hinsichtlich der Beziehung zwischen Freiheit und Organisation? Organisation wird immer von der Umwelt auferlegt, und Freiheit kommt immer von innen, und diese beiden kollidieren.

Krishnamurti: Von wo aus beginnen Sie? Sie müssen von der Freiheit her beginnen. Wo Freiheit ist, ist Liebe. Diese Freiheit und die Liebe werden Ihnen zeigen, wann Sie kooperieren sollen und wann nicht. Das ist kein Akt des Auswählens, weil Auswahl das Resultat der Verwirrung ist. Liebe und Freiheit sind Intelligenz. Darum ist das, was uns beschäftigt, nicht die Trennung zwischen Organisation und Freiheit, sondern ob wir in dieser Welt gänzlich ohne Trennung leben können. Es ist die Trennung, die Freiheit und Liebe verneint, nicht die Organisation. Wenn Organisation trennt, führt das zum Krieg. Glaube in jeglicher Form, Ideale, so edel und eindrucksvoll sie auch sein mögen, erzeugen Trennung. Organisierte Religion ist die Ursache der Spaltung, ebenso wie Nationalismus und andere Machtgruppen. Befassen Sie sich darum mit den Dingen, die trennen, mit den Dingen, die die Kluft aufreißen zwischen Mensch und Mensch, ganz gleich, ob es die einzelnen oder das Kollektiv betrifft. Die Familie, die Kirche und der Staat erzeugen solche Trennungen. Zu beachten ist die Tätigkeit des Denkens, das einteilt. Denken ist immer unterscheidend, so ist jede Handlung, die sich auf eine Idee oder eine Ideologie gründet, Trennung. Das Denken kultiviert Vorurteile, Meinungen, Urteile. Der Mensch, in sich selbst entzweit, sucht aus dieser Uneinigkeit heraus nach Freiheit. Da er nicht fähig ist, sie zu finden, hofft er die verschiedenen Teile zu integrieren; natürlich ist das unmöglich. Sie können nicht zwei Vorurteile integrieren. In dieser Welt in Freiheit zu leben, bedeutet voller Liebe zu sein und jede Form der Spaltung zu vermeiden. Wenn Freiheit und Liebe da sind, dann wird diese Intelligenz kooperativ handeln und wird ebenso wissen, wann nicht zu kooperieren ist.

LIEBE UND SEX

Frager: Ich bin ein verheirateter Mann und habe mehrere Kinder. Auf der Suche nach Vergnügen habe ich ein ziemlich ausschweifendes Leben geführt, aber auch ein leidlich kultiviertes, und in finanzieller Hinsicht habe ich einen Erfolg daraus gemacht. Aber jetzt bin ich mittleren Alters und bin beunruhigt, nicht nur wegen meiner Familie, sondern auch über die Richtung, die die Welt einschlägt. Ich neige nicht zur Brutalität oder zu ungezügelten Gefühlen, und ich habe immer Verzeihen und Mitleid als die wichtigsten Dinge im Leben betrachtet. Ohne sie wird der Mensch untermenschlich. Wenn Sie daher gestatten, würde ich gerne fragen, was Liebe ist. Gibt es wirklich so etwas? Mitleid muß ein Teil davon sein, aber ich fühle immer, daß Liebe etwas viel Umfassenderes ist, und wenn wir es zusammen erforschen könnten, würde ich aus meinem Leben vielleicht etwas Lohnendes machen, bevor es zu spät ist. Ich bin in Wirklichkeit gekommen, um diese eine Frage zu stellen: was ist Liebe?

Krishnamurti: Bevor wir beginnen da einzudringen, muß es uns ganz klar sein, daß das Wort nicht das Ding ist, die Beschreibung nicht das Beschriebene; denn noch so viele Erklärungen, so feinsinnig und klug sie auch sein mögen, werden das Herz nicht der Unermeßlichkeit der Liebe öffnen. Das müssen wir verstehen und dürfen nicht nur an Worten kleben. Worte sind für die Kommunikation nützlich, aber wenn wir über etwas sprechen, das in Wirklichkeit nicht aussprechbar ist, müssen wir eine Kommunion zwischen uns herstellen, so daß wir beide dieselbe Sache zur gleichen Zeit mit der Fülle des Geistes und Herzens empfinden und begreifen. Sonst werden wir mit Worten spielen. Wie kann man diesem wirklich subtilen Ding, an das der Verstand nicht heranreicht, nahe kommen? Wir müssen ziemlich zögernd vorgehen. Wollen wir zunächst sehen, was sie nicht ist. Dann mögen wir vielleicht fähig sein zu sehen, was sie ist. Durch Negation mögen wir das Positive finden, aber bloß den positiven Weg einzuschlagen, das führt zu Behauptungen, Feststellungen, die Spaltung hervorrufen. Sie fragen, was Liebe ist. Wir sagen, daß wir sie vielleicht finden mögen, wenn wir wissen, was sie nicht ist. Alles was Spaltung und Trennung erzeugt, ist nicht Liebe, denn darin liegt Konflikt, Kampf und Brutalität.

Frager: Was meinen Sie mit Trennung, mit Spaltung, wodurch Kampf erzeugt wird – was verstehen Sie darunter?

Krishnamurti: Das Denken ist seiner Natur nach einteilend. Es ist das Denken, das Vergnügen sucht und daran festhält. Es ist das Denken, das das Wünschen kultiviert.

Frager: Würden Sie auf das Wünschen etwas mehr eingehen?

Krishnamurti: Da sieht man ein Haus und findet es schön; dann erhebt sich der Wunsch, es zu besitzen und sich daran zu erfreuen, und dann strengt man sich an, es zu bekommen. Das alles konstituiert das Zentrum, und dieses Zentrum ist die Ursache der Spaltung. Dieses Zentrum ist das Gefühl eines «Ich», das die Ursache der Trennung ist, weil dieses «Ich»-Gefühl ein Gefühl der Absonderung ist. Die Menschen haben es das Ego genannt und ihm alle möglichen anderen Namen gegeben – das «niedere Selbst» als Gegensatz zu der Idee eines «höheren Selbst» –, aber es besteht keine Notwendigkeit, sich darüber den Kopf zu zerbrechen; es ist sehr einfach. Wo ein Zentrum ist, das heißt das Gefühl des «Ich», das sich in seinem Tun selbst isoliert, da ist Spaltung und Widerstand. Das alles ist der Prozeß des Denkens. Wenn Sie nun fragen, was Liebe ist: sie hat nichts mit diesem Zentrum zu tun. Liebe ist nicht Lust und Leid, noch Haß, noch Gewalt in irgendeiner Form.

Frager: Daher kann es in dieser Liebe, von der Sie sprechen, keinen Sex geben, weil darin kein Verlangen sein kann.

Krishnamurti: Bitte kommen Sie zu keiner Schlußfolgerung. Wir sind dabei, zu untersuchen, zu forschen. Jede Schlußfolgerung oder Behauptung verhindert weiteres Eindringen. Um diese Frage zu beantworten, müssen wir auch die Wirksamkeit des Denkens betrachten. Wie wir gesagt haben, hält das Denken den Genuß lebendig, indem es über etwas nachdenkt, das angenehm gewesen ist und die Vorstellung davon hegt und pflegt. Das Denken erzeugt Genuß. Das Nachdenken über den sexuellen Akt wird Lust, die etwas ganz anderes ist als der eigentliche Akt. Die meisten Menschen beschäftigen sich mit dem Verlangen nach Lust. Begierde vor dem Sex und hinterher ist Lust. Dieses Verlangen ist Denken. Denken ist nicht Liebe.

Frager: Gibt es Sex ohne dieses Wunsch-Denken?

Krishnamurti: Sie müssen es selbst herausfinden. Sex spielt im Leben des Menschen eine ungewöhnlich wichtige Rolle, weil es vielleicht das einzige tiefe Erlebnis ist, das wir unmittelbar haben. Intellektuell und gefühlsmäßig passen wir uns an, imitieren, folgen, gehorchen. In allen unseren Beziehungen gibt es Schmerz und Kampf, ausgenommen im sexuellen Akt. Diesem Akt, der so anders und schön ist, geben wir uns hin, und so wird er wiederum zur Fessel. Die Fessel ist das Verlangen nach seiner Fortdauer – wiederum ist es die Handlung des Zentrums, die trennend ist. Man ist so eingezäunt – intellektuell, in der Familie, in der Gemeinschaft, durch soziale Moral, durch religiöse Vorschriften – so eingezäunt, daß nur diese eine Beziehung übrig bleibt, in der es Freiheit und Intensität gibt. Darum geben wir ihr so gewaltige Bedeutung. Wenn aber überall Freiheit herrschen würde, dann gäbe es nicht diese Begierde, dann wäre Sex nicht ein solches Problem. Wir machen ein Problem daraus, weil wir nicht genug davon kriegen können, oder weil wir uns schuldig fühlen, es gehabt zu haben, oder weil wir, indem wir es erlangen, die Regeln brechen, die die Gesellschaft aufgestellt hat. Es ist die alte Gesellschaft, die von der neuen Gesellschaft sagt, daß sie alles zuläßt, weil für die neue Gesellschaft Sex ein Teil des Lebens ist. Wenn wir den Geist von den Fesseln der Nachahmung, der Autorität, der Gleichschaltung und der religiösen Vorschriften befreien, hat Sex seinen eigenen Platz, aber er würde nicht allverzehrend sein. Von hier aus kann man sehen, daß Freiheit für die Liebe wesentlich ist – nicht die Freiheit der Revolte, nicht die Freiheit zu tun was man möchte, noch unverhohlen oder geheim seinen Begierden zu frönen, sondern vielmehr die Freiheit, die durch das Verstehen dieser ganzen Struktur und Natur des Zentrums kommt. Dann ist Freiheit Liebe.

Frager: Also ist Freiheit nicht Zügellosigkeit?

Krishnamurti: Nein; Zügellosigkeit ist Knechtschaft. Liebe ist nicht Haß, noch Eifersucht, noch Ehrgeiz, noch der konkurrierende Geist mit seiner Angst vor Mißerfolg. Es ist nicht die Liebe zu Gott, noch ist es die Liebe zum Menschen – was wiederum eine Spaltung ist. Liebe gehört nicht dem einen oder den vielen. Wenn Liebe da ist, ist sie persönlich und unpersönlich, mit und ohne Objekt. Sie ist wie der Duft einer Blume; einer oder viele können ihn einatmen; worauf es ankommt, ist der Duft, nicht wem er gehört.

Frager: Wo hat Verzeihung ihren Platz?

Krishnamurti: Wo Liebe ist, gibt es kein Verzeihen. Verzeihung entsteht nur, nachdem Sie Erbitterung angehäuft haben; Verzeihung ist Ressentiment. Wo keine Wunde ist, braucht nichts geheilt zu werden. Unachtsamkeit bringt Verstimmung und Groll hervor; Sie werden ihrer bewußt und verzeihen dann. Verzeihung unterstützt die Spaltung. Wenn Sie sich dessen bewußt sind, daß Sie verzeihen, dann sündigen Sie. Wenn Sie wissen, daß Sie tolerant sind, dann sind Sie intolerant. Wenn Ihnen bewußt ist, daß Sie schweigen, dann ist da kein Schweigen. Wenn Sie vorsätzlich darangehen, zu lieben, dann ist es gewaltsam. Solange ein Beobachter da ist, der sagt, «ich bin» oder «ich bin nicht», kann Liebe nicht da sein.

Frager: Welchen Platz hat die Furcht in der Liebe?

Krishnamurti: Wie können Sie eine solche Frage stellen? Wo das eine ist, ist das andere nicht. Wenn Liebe da ist, können Sie tun, was Sie wollen.

WAHRNEHMUNG

Frager: Sie benutzen für den Begriff Wahrnehmung verschiedene Worte. Sie sagen manchmal Wahrnehmung, aber Sie sagen auch beobachten, sehen, verstehen, gewahr sein. Ich nehme an, daß Sie mit allen diesen Worten dasselbe sagen wollen: klar, umfassend, das Ganze zu sehen. Kann man irgend etwas total sehen? Wir sprechen nicht über physische und technische Dinge, aber kann man psychologisch etwas total wahrnehmen oder verstehen? Bleibt da nicht immer etwas verborgen, so daß man nur einen Teil sieht? Ich wäre Ihnen sehr verbunden, wenn Sie auf diese Frage möglichst umfassend eingehen könnten. Ich halte diese Frage für sehr wichtig, weil sie vielleicht ein Schlüssel für viele Dinge im Leben ist. Wenn ich mich selbst total verstehen könnte, dann wären vielleicht alle meine Probleme gelöst, und ich wäre ein glücklicher Übermensch. Wenn ich darüber spreche, fühle ich mich etwas erregt durch die Möglichkeit, über meine kleine Welt mit ihren Problemen und Schmerzen hinauszugelangen. Was verstehen Sie also unter Wahrnehmung, Sehen? Kann man sich selbst vollkommen sehen?

Krishnamurti: Wir schauen immer einseitig auf die Dinge. Zunächst, weil wir unachtsam sind und zweitens, weil wir die Dinge mit unseren Vorurteilen anschauen, mit verbalen und psychologischen Vorstellungen, die wir über sie haben. So sehen wir niemals etwas vollkommen. Selbst objektiv auf die Natur zu schauen ist recht schwierig. Eine Blume ohne jedes innere Bild anzuschauen, ohne jedes botanische Wissen – sie einfach zu betrachten – wird ziemlich schwierig, weil unsere Gedanken uninteressiert herumwandern. Selbst wenn der Mensch daran interessiert ist, schaut er mit einer gewissen Beurteilung und verbalen Beschreibung auf die Blume, was dem Beobachter anscheinend das Gefühl gibt, daß er sie wirklich angeschaut hat. Überlegtes Schauen ist kein Schauen. Darum sehen wir die Blume niemals wirklich. Wir sehen sie nach unserer Vorstellung. Vielleicht ist es ziemlich leicht, auf etwas zu schauen, das uns nicht tief berührt, wenn wir zum Beispiel ins Kino gehen und etwas sehen, das uns für den Augenblick bewegt, aber das wir bald vergessen. Uns selbst aber ohne das eigene Leitbild zu betrachten, das heißt ohne die Vergangenheit, ohne unsere angehäufte Erfahrung und unser Wissen – das geschieht äußerst selten. Wir haben ein Leitbild von uns selbst. Wir glauben, daß wir dieses sein sollten und nicht jenes. Wir haben vorweg eine Vorstellung von uns aufgebaut, und von da aus schauen wir auf uns. Wir denken, daß wir edel oder unedel sind, und zu sehen, was wir tatsächlich sind, bedrückt uns entweder, oder es erschreckt uns. Darum können wir uns nicht wirklich betrachten; und wenn wir uns anschauen, ist es eine partielle Beobachtung, und alles was einseitig oder unvollkommen ist, führt zu keinem Verständnis. Nur wenn wir uns total sehen können, gibt es die Möglichkeit, frei zu sein von dem, was wir betrachten. Unsere Wahrnehmung vollzieht sich nicht nur mit den Augen, mit den Sinnen, sondern auch mit dem Verstand, und offensichtlich ist der Verstand schwer voreingenommen. So ist intellektuelle Wahrnehmung nur eine partielle Wahrnehmung, doch scheinen die meisten Menschen mit der intellektuellen Wahrnehmung zufrieden zu sein, und sie glauben, daß sie verstehen. Ein fragmentarisches Verstehen ist höchst gefährlich und verderblich; und genau das geschieht in der ganzen Welt. Der Politiker, der Priester, der Geschäftsmann, der Techniker, selbst der Künstler – sie alle sehen nur teilweise. Und darum sind sie in Wirklichkeit destruktive Menschen. Da sie in der Welt eine große Rolle spielen, wird ihre Teilwahrnehmung zur Norm, die der Mensch akzeptiert und deren Gefangener er ist. Jeder von uns ist zur gleichen Zeit der Priester, der Politiker, der Geschäftsmann, der Künstler und noch manches andere bruchstückhafte Wesen. Und jeder von uns ist auch das Schlachtfeld all dieser gegensätzlichen Meinungen und Urteile.

Frager: Ich sehe das klar. Natürlich gebrauche ich das Wort Sehen intellektuell.

Krishnamurti: Wenn Sie das voll und ganz erkennen, nicht intellektuell oder verbal oder gefühlsmäßig, dann werden Sie ein ganz anderes Leben führen und anders handeln. Wenn Sie einen gefährlichen Abgrund sehen oder einem gefährlichen Tier gegenüberstehen, gibt es kein teilweises Verstehen oder teilweises Handeln, sondern nur die vollkommene Handlung.

Frager: Aber wir stehen nicht jeden Augenblick unseres Lebens vor solchen gefährlichen Krisen.

Krishnamurti: Wir *sind* jederzeit mit solchen gefährlichen Krisen konfrontiert. Sie haben sich an sie gewöhnt oder sind gleichgültig dagegen geworden oder überlassen es anderen, die Probleme zu lösen; und diese anderen sind ebenso blind und einseitig.

Frager: Aber wie soll ich ständig dieser Krisen gewahr sein, und warum sagen Sie, daß es jederzeit eine Krise gibt?

Krishnamurti: In jedem Augenblick liegt das ganze Leben! Jeder Augenblick ist eine Herausforderung! Dieser Herausforderung unzulänglich zu begegnen ist eine Krise im Leben. Wir wollen uns nicht eingestehen, daß es Krisen sind, und wir schließen unsere Augen, um ihnen zu entrinnen. So werden wir blinder, und die Krisen nehmen zu.

Frager: Aber wie kann ich total wahrnehmen? Ich beginne zu verstehen, daß ich nur teilweise sehe, und ich erkenne auch, wie wichtig es ist, mich selbst und die Welt mit vollkommener Wahrnehmung anzuschauen, aber es geht so viel in mir vor, daß es schwierig ist zu entscheiden, was ich anschauen soll. Mein Geist ist wie ein großer Käfig voller unruhiger Affen.

Krishnamurti: Wenn Sie eine Regung total sehen, ist in diesem Sehen jede andere Bewegung enthalten. Wenn Sie ein Problem vollkommen verstehen, dann verstehen Sie alle menschlichen Probleme, denn sie stehen alle im Zusammenhang. So ist die Frage: kann man ein Problem so vollkommen verstehen oder wahrnehmen oder sehen, daß man in diesem Verstehen sogleich alles übrige verstanden hat? Dieses Problem muß während des Geschehens gesehen werden, nicht danach oder davor, nicht als Erinnerung oder als ein Beispiel. Es hat zum Beispiel keinen Sinn für uns, Ärger oder Furcht *jetzt* zu untersuchen; es kommt darauf an, sie dann zu beobachten, wenn sie in Erscheinung treten. Wahrnehmung ist augenblicklich; Sie verstehen etwas sofort oder überhaupt nicht: Sehen, Hören, Verstehen sind augenblicklich. Zuhören und Zuschauen haben Dauer.

Frager: Mein Problem besteht weiter. Es ist ein Zeitproblem. Sie sagen, daß Sehen augenblicklich ist und daher außerhalb der Zeit. Was gibt der Eifersucht oder einer anderen Gewohnheit oder einem anderen Problem Dauer?

Krishnamurti: Bestehen die Probleme nicht darum weiter, weil Sie nicht mit Sensitivität, mit Unvoreingenommenheit, mit Intelligenz darauf geschaut haben? Sie haben nur teilweise hingesehen und den Dingen damit erlaubt, fortzubestehen; und zusätzlich ist der Wunsch, von ihnen frei zu sein, ein anderes Problem von Dauer. Die Unfähigkeit, mit einer Sache fertig zu werden, macht daraus ein Problem von Dauer und gibt ihm Leben.

Frager: Aber wie soll ich das Ganze augenblicklich sehen? Wie kann ich es verstehen, so daß das Problem niemals zurückkommt?

Krishnamurti: Legen Sie Nachdruck auf niemals oder auf verstehen? Wenn Sie dem Niemals Wert beimessen, bedeutet es, daß Sie den Wunsch haben, ihm dauernd zu entrinnen, und das bedeutet, ein zweites Problem zu schaffen. So haben wir nur eine Frage: Wie kann das Problem so vollkommen gesehen werden, daß man davon frei ist. Wahrnehmung ist nur aus dem Schweigen möglich, nicht aus einem geschwätzigen Geist. Im Schwatzen mag der Wunsch liegen, von dem Problem frei zu kommen, es zu verkleinern, ihm zu entrinnen, es zu unterdrücken oder einen Ersatz dafür zu finden, – aber nur ein ruhiger Geist kann sehen.

Frager: Wie kann ich zu einem ruhigen Geist kommen?

Krishnamurti: Sie erkennen nicht die Wahrheit, daß nur ein ruhiger Geist sehen kann. Die Frage, wie man einen ruhigen Geist erlangen kann, stellt sich nicht. Die Wahrheit ist, daß der Geist ruhig sein muß; das als richtig zu erkennen, befreit den Geist vom Schwatzen. Dann handelt die Wahrnehmung, die Intelligenz ist, nicht Ihre Ansicht, daß Sie schweigen müssen, um zu sehen. Eine solche Ansicht kann auch handeln, aber das ist ein teilweises, fragmentarisches Operieren. Es gibt keine Beziehung zwischen dem Partiellen und dem Ganzen; das Partielle kann nicht in das Ganze hineinwachsen. Darum ist das Sehen von größter Wichtigkeit. Sehen ist Achtsamkeit, und es ist nur die Unachtsamkeit, die ein Problem aufsteigen läßt.

Frager: Wie kann ich jederzeit achtsam sein? Es ist unmöglich!

Krishnamurti: Das ist völlig richtig, es ist unmöglich. Aber Ihre Unachtsamkeit wahrzunehmen ist von größter Bedeutung, nicht, wie man jederzeit achtsam sein kann. Es ist Gier, die die Frage stellt, «wie kann ich jederzeit achtsam sein?». In der Übung, achtsam zu sein, geht man zugrunde. Die Übung, achtsam zu sein, ist Unachtsamkeit. Sie können nicht üben, schön zu sein oder zu lieben. Wenn der Haß aufhört, ist das andere da. Haß kann nur aufhören, wenn Sie ihm Ihre ganze Aufmerksamkeit zuwenden, wenn Sie ihn kennen lernen und nicht Wissen darüber anhäufen. Beginnen Sie einfach.

Frager: Welches ist der Sinn Ihres Redens, wenn es nichts gibt, das wir üben können, nachdem wir Sie gehört haben?

Krishnamurti: Das Hören ist von größter Bedeutung, nicht, was Sie danach praktizieren. Das Hören ist die unmittelbare Handlung. Das Üben gibt den Problemen Dauer. Übung ist totale Unachtsamkeit. Üben Sie niemals; Sie können nur Fehler üben. Lernen ist immer neu.

LEIDEN

Frager: Ich glaube, daß ich in meinem ganzen Leben sehr viel gelitten habe, nicht körperlich, sondern durch Tod und Einsamkeit und die absolute Nutzlosigkeit meines Daseins. Ich hatte einen Sohn, den ich sehr liebte; er starb durch einen Unfall. Meine Frau verließ mich, und das verursachte mir sehr viel Schmerz. Ich vermute, daß ich bin wie tausend andere Menschen der Mittelklasse mit genügend Geld und fester Arbeit. Ich beklage mich nicht über meine Umstände, aber ich möchte verstehen, was das Leid bedeutet, warum es überhaupt entsteht. Es ist gesagt worden, daß aus dem Leid Weisheit kommt, aber ich habe genau das Gegenteil gefunden.

Krishnamurti: Ich möchte wissen, was Sie vom Leiden gelernt haben. Haben Sie überhaupt etwas gelernt? Was hat das Leid Sie gelehrt?

Frager: Sicherlich hat es mich gelehrt, niemals den Menschen verhaftet zu sein; es hat mir eine gewisse Verbitterung, eine gewisse Zurückhaltung beigebracht und mich gelehrt, meinen Gefühlen nicht zu erlauben, mit mir durchzugehen. Es hat mich gelehrt, sorgfältig darauf zu achten, nicht wiederum verletzt zu werden.

Krishnamurti: So hat es Sie, wie Sie sagen, nicht Weisheit gelehrt; im Gegenteil, es hat Sie klüger, empfindungsloser gemacht. Lehrt das Leid überhaupt etwas, ausgenommen die Reaktionen, die offensichtlich dem Selbstschutz dienen?

Frager: Ich habe das Leid immer als Teil meines Lebens hingenommen, aber irgendwie fühle ich jetzt, daß ich gerne davon frei sein möchte, frei von der ganzen billigen Bitterkeit und Indifferenz, ohne wiederum durch die Pein der

Bindung zu gehen. Mein Leben ist so sinnlos und leer, völlig abgekapselt und unbedeutend. Es ist ein Leben der Mittelmäßigkeit, und vielleicht ist diese Mittelmäßigkeit das größte Leid von allem.

Krishnamurti: Es gibt das persönliche Leid und das Leid der Welt. Es gibt das Leid der Unwissenheit und das Leid der Zeit. Unwissenheit ist der Mangel an Selbsterkenntnis, und das Leid der Zeit ist die Täuschung, daß die Zeit heilen, versöhnen und verwandeln kann. Die meisten Menschen sind in dieser Täuschung befangen und beten entweder das Leid an oder erklären es hinweg. Aber in jedem Fall besteht es weiter, und man fragt sich nie, ob es aufhören kann.

Frager: Aber ich frage jetzt, ob es zu einem Ende kommen kann und wie. Wie kann ich es enden? Ich verstehe, daß es keinen Zweck hat, davor davonzulaufen oder ihm mit Bitterkeit und Zynismus Widerstand zu leisten. Was soll ich tun, um den Kummer zu beenden, den ich so lange mit mir herumgetragen habe?

Krishnamurti: Selbstbemitleidung ist eines der Elemente des Leidens. Ein anderes Element ist, von jemandem abhängig zu sein und seine Bindung an Sie zu nähren und ihn darin zu bestärken. Leid ist nicht nur vorhanden, wenn eine Bindung Sie enttäuscht, sondern sein Keim liegt schon im Anfang dieser Verhaftung. Die Schwierigkeit darin liegt in dem völligen Mangel an Selbsterkenntnis. Sich selbst zu kennen ist das Ende des Leides. Wir scheuen uns davor, uns selbst zu erkennen, weil wir uns eingeteilt haben in das Gute und das Schlechte, das Böse und das Edle, das Reine und das Unreine. Das Gute urteilt ständig über das Schlechte, und diese Fragmente befinden sich im Krieg miteinander. Dieser Krieg ist Leid. Den Krieg zu beenden heißt die Tatsache zu sehen und nicht ihren Gegensatz zu erfinden, denn die Gegensätze bedingen einander. In diesem Engpaß der Gegensätze herumzuspazieren ist Leid. Diese Zerstückelung des Lebens in das Hohe und das Niedere, das Edle und das Unedle, in Gott und den Teufel erzeugt Konflikt und Schmerz. Wo Leid ist, gibt es keine Liebe. Liebe und Leid können nicht zusammen existieren.

Frager: Ah! Aber Liebe kann einem anderen Leid zufügen. Ich mag jemanden lieben und ihm doch Leid bringen.

Krishnamurti: Bringen Sie es, wenn Sie lieben, oder tut er es? Wenn ein anderer Ihnen verhaftet ist, mit oder ohne Ermutigung, und Sie wenden sich von ihm ab, und er leidet, sind Sie es oder ist er es, der dieses Leid hervorgerufen hat?

Frager: Sie meinen, daß ich für das Leid eines anderen nicht verantwortlich bin, selbst wenn ich die Ursache bin? Wie soll das Leid dann jemals enden?

Krishnamurti: Wie wir gesagt haben, hört das Leid nur auf, wenn man sich vollkommen kennt. Kennen Sie sich selbst auf den ersten Blick oder hoffen Sie darauf nach einer langen Analyse? Durch Analyse können Sie sich nicht kennen lernen. Sie können sich nur ohne aufgespeichertes Wissen kennen lernen, in Ihren Beziehungen von Augenblick zu Augenblick. Das bedeutet, daß man wahrnehmen muß, was tatsächlich geschieht – ohne wertende Unterscheidung. Es bedeutet, sich zu sehen wie man ist, ohne den Gegensatz, das Ideal, ohne das Wissen darum, was man gewesen ist. Wenn Sie mit Augen voller Groll und Erbitterung auf sich schauen, dann ist das was Sie sehen, durch die Vergangenheit gefärbt. Das ständige Abwerfen der Vergangenheit, wann immer Sie sich sehen, ist die Freiheit von der Vergangenheit. Das Leid endet nur im Licht des Verstehens. Und dieses Licht wird nicht durch eine Erfahrung oder durch ein Aufblitzen des Verstehens entzündet; dieses Verstehen entzündet sich jederzeit selbst. Niemand kann es Ihnen geben – kein Buch, kein Trick, kein Lehrer oder Erlöser. Sich selbst zu verstehen ist das Ende des Leides.

HERZ UND GEIST

Frager: Warum hat sich der Mensch in verschiedene Bereiche eingeteilt – in den Intellekt und die Gefühle? Jedes scheint unabhängig von dem anderen zu existieren. Diese beiden treibenden Kräfte im Leben widersprechen so oft einander, daß sie das Gefüge unseres Seins auseinanderzureißen scheinen. Beide zusammenzubringen, so daß der Mensch als eine totale Einheit handeln kann, war immer eines der Hauptziele des Lebens. Zusätzlich zu diesen beiden Dingen im Menschen ist da ein Drittes, und das ist seine veränderliche Umwelt. So stehen diese beiden gegensätzlichen Dinge in ihm überdies in Opposition zu dem dritten, das außerhalb von ihm zu sein scheint. Hier ist ein Problem, so verwirrend, so widerspruchsvoll, so gewaltig, daß der Intellekt, um sie zusammenzubringen, eine auswärtige Kraft erfindet, die er Gott nennt. Und das wiederum kompliziert das Ganze. Es gibt nur dieses eine Problem im Leben.

Krishnamurti: Sie scheinen von Ihren eigenen Worten davongetragen zu werden. Ist das für Sie wirklich ein Problem, oder erfinden Sie es, um eine gute Diskussion zu haben? Wenn es um eine Diskussion geht, dann hat es keinen wahren Wert. Aber wenn es ein wirkliches Problem ist, dann können wir es gründlich untersuchen. Hier besteht eine sehr komplexe Situation: das Innere, das sich selbst in verschiedene Bereiche aufteilt und sich ferner von seiner Umwelt abspaltet; zusätzlich teilt es die Umwelt, Gesellschaft genannt, in Klassen, Rassen und ökonomische, nationale und geographische Gruppen ein. Das scheint gegenwärtig in der Welt vor sich zu gehen, und wir nennen es das Leben. Da wir unfähig sind, dieses Problem zu lösen, erfinden wir ein Superwesen, eine äußere Kraft, von der wir hoffen, daß sie Harmonie und ein bindendes Element in uns und zwischen uns hervorbringen wird. Dieses bindende Element, das wir Religion nennen, bringt seinerseits einen anderen trennenden Faktor hervor. So entsteht die Frage: wodurch wird eine vollkommene Harmonie des Lebens ermöglicht, in der es keine Einteilungen gibt, sondern einen Zustand, in dem sowohl der Intellekt als auch das Herz der Ausdruck eines totalen Wesens sind? Dieses Wesen ist kein Fragment.

Frager: Ich stimme mit Ihnen überein, aber wie soll das zustande gebracht werden? Danach hat der Mensch immer verlangt und hat es in allen Religionen und allen politischen und sozialen Utopien gesucht.

Krishnamurti: Sie fragen «wie». Das «wie» ist das große Mißverständnis. Es ist der trennende Faktor. Da ist Ihr «wie» und mein «wie» und das «wie» eines anderen. Wenn wir niemals dieses Wort gebrauchten, würden wir wirklich forschen und nicht eine Methode suchen, um ein bestimmtes Resultat zu erreichen. Können Sie also diese Vorstellung eines Rezeptes, eines Resultates völlig beiseite tun? Wenn Sie ein Resultat genau bezeichnen können, kennen Sie es bereits, und daher ist es bedingt und nicht unabhängig. Wenn wir das Rezept beiseite tun, dann sind wir beide fähig zu erforschen, ob es überhaupt möglich ist, ein harmonisches Ganzes zu schaffen, ohne eine auswärtige Kraft zu erfinden; denn alle auswärtigen Hilfsquellen, ob sie aus der Umwelt stammen oder überdimensional sind, vergrößern nur das Problem.

Vor allem ist es der Verstand, der sich selbst als Gefühl, Intellekt und Umwelt aufteilt; es ist der Verstand, der die äußere Hilfe erfindet; es ist der Denker, der das Problem schafft.

Frager: Diese Einteilung liegt nicht nur im Verstand; sie ist noch stärker in den Gefühlen vorhanden. Die Moslems und Hindus denken sich nicht getrennt, sie fühlen sich getrennt, und es ist dieses Gefühl, das sie tatsächlich getrennt sein läßt und sie dazu bringt, sich gegenseitig zu zerstören.

Krishnamurti: Genau: Denken und Fühlen sind eins; sie sind von Anbeginn eines gewesen, und genau das haben wir gesagt. So ist unser Problem nicht die Integration der verschiedenen Teile, sondern wir müssen diesen Geist und dieses Herz, die eines sind, verstehen. Unser Problem ist nicht, wie wir uns von den Klassen befreien oder wie wir bessere Utopien aufbauen oder bessere politische Führer oder neue religiöse Lehrer hervorbringen. Unser Problem ist der Mensch. Zu diesem Kernpunkt zu gelangen, nicht theoretisch, sondern ihn tatsächlich zu sehen, ist die höchste Form der Intelligenz. Denn dann gehören Sie keiner Klasse oder religiösen Gruppe an; dann sind Sie kein Moslem, kein Hindu, kein Jude oder Christ. So haben wir jetzt nur ein Problem: warum teilt der Geist des Menschen ein? Er teilt nicht nur seine eigenen Funktionen in Gefühle und Gedanken auf, sondern trennt sich selbst als das «Ich» von dem «Du» und das «Wir» von den «anderen». Geist und Herz sind eines. Lassen Sie uns das nicht vergessen. Erinnern Sie sich daran, wenn Sie das Wort «Geist» gebrauchen. So ist unser Problem, warum der Geist trennt.

Frager: Ja!

Krishnamurti: Der Geist ist das Denken. Jede Tätigkeit des Denkens ist Spaltung, Zerstückelung. Gedanken sind das Echo der Erinnerung, das heißt des Gehirns. Das Gehirn muß reagieren, wenn es eine Gefahr sieht. Das ist Intelligenz. Aber dieses selbe Gehirn ist irgendwie so beschaffen, daß es die Gefahr der trennenden Teilung nicht sieht. Seine Handlungen sind wirksam und notwendig, wenn sie sich mit Fakten befassen. So wird es auch intelligent handeln, wenn es die Tatsache sieht, daß Trennung und Zerstückelung eine Gefahr sind. Das ist keine Idee oder Ideologie oder ein Prinzip oder eine Meinung – das alles ist idiotisch und trennend –, es ist eine Tatsache. Um eine Gefahr zu sehen, muß das Gehirn sehr rege und wachsam sein, das ganze Gehirn und nicht nur ein Teil.

Frager: Wie ist es möglich, das ganze Gehirn wachzuhalten?

Krishnamurti: Wie wir sagten, gibt es kein «wie», sondern nur das Sehen der Gefahr; darauf allein kommt es an. Das Sehen ist nicht das Resultat von Propaganda oder Voreingenommenheit; am Sehen ist das ganze Gehirn beteiligt. Wenn das Gehirn vollkommen wach ist, dann wird der Geist ruhig. Wenn das Gehirn vollkommen wach ist, gibt es keine Zersplitterung, keine Spaltung, keine Dualität. Die Art dieser Ruhe ist von höchster Bedeutung. Sie können den Geist durch Drogen und alle möglichen Tricks beruhigen, aber solche Betrügereien bringen andere, verschiedenartige Formen der Illusion und des Widerspruchs hervor. Die wahre Ruhe ist höchste Intelligenz, die niemals persönlich oder unpersönlich ist, niemals Ihre oder meine. Anonym zu sein heißt vollkommen und makellos zu sein. Es widersetzt sich allen Beschreibungen, denn es ist ohne Eigenschaften. Das ist Gewahrsein, das ist Achtsamkeit, das ist Liebe, das ist das Höchste. Das Gehirn muß vollkommen wach sein; das ist alles. Wie sich der Mensch im Dschungel äußerst wachhalten muß, um zu überleben, so muß sich der Mensch im Dschungel der Welt außerordentlich wach halten, um vollkommen zu leben.

DIE SCHÖNHEIT UND DER KÜNSTLER

Frager: Ich würde gerne wissen, was ein Künstler ist. Dort, an den Ufern des Ganges, sitzt in einem dunklen, kleinen Raum ein Mensch und webt den herrlichsten Sari in Seide und Gold, und in Paris malt ein anderer Mensch in seinem Atelier ein Bild, von dem er hofft, daß es ihm Ruhm bringen werde. Irgendwo lebt da ein Schriftsteller, der kluge Geschichten ausspinnt, in denen er das ewige alte Problem von Mann und Frau behandelt. Dann gibt es den Wissenschaftler in seinem Laboratorium und den Techniker, der eine Million Teile zusammensetzt, damit eine Rakete zum Mond fliegen kann. Und in Indien lebt ein Musiker in großer Einfachheit, um getreulich die höchste Schönheit seiner Musik zu übermitteln. Da ist die Hausfrau, die eine Mahlzeit vorbereitet, und der Dichter, der allein durch die Wälder wandert. Sind sie nicht alle Künstler, jeder in seiner Art? Ich glaube, daß Schönheit in den Händen eines jeden liegt, aber sie wissen es nicht. Der Mann, der schöne Kleider oder ausgezeichnete Schuhe anfertigt, die Frau, die diese Blumen auf Ihrem Tisch anordnete, sie alle scheinen ihre Arbeit in Schönheit zu verrichten. Ich frage mich oft, warum der Maler, der Bildhauer, der Komponist, der Schriftsteller – die sogenannten schöpferischen Künstler – eine so ungewöhnliche Bedeutung in dieser Welt haben und nicht ebenso der Schuhmacher oder der Koch. Sind sie nicht auch schöpferisch? Wenn man alle Varianten der Darstellung betrachtet, die die Menschen als schön bezeichnen, welche Rolle spielt dann ein wahrer Künstler im Leben, und wer ist der wahre Künstler? Es wird gesagt, daß Schönheit das Wesentliche des Lebens ist. Ist jenes Gebäude dort drüben, das als so schön bezeichnet wird, der Ausdruck dieses Wesentlichen? Ich wäre sehr dankbar, wenn Sie auf diesen ganzen Bereich der Schönheit und des Künstlers eingehen würden.

Krishnamurti: Sicher ist der Künstler jemand, der für seine Arbeit begabt ist. Sein Tun liegt innerhalb des Lebens und nicht außerhalb. Darum ist die Ausübung seines Könnens tatsächlich das, was den Künstler ausmacht. Diese künstlerische Fähigkeit kann sich während einiger Stunden am Tage auswirken, wenn er ein Instrument spielt, Gedichte schreibt oder Bilder malt, oder sie kann noch etwas wirksamer werden, wenn er auf vielen dieser Teilgebiete begabt ist – gleich jenen großen Menschen der Renaissance, die in mehreren unterschiedlichen Medien arbeiteten. Aber die wenigen Stunden der Musik oder des Schreibens mögen zu seinem übrigen Leben im Widerspruch stehen, das voller Unordnung und Verwirrung ist. Ist nun ein solcher Mensch überhaupt ein Künstler? Der Mensch, der die Violine mit Vollendung spielt und nach Ruhm ausschaut, ist nicht an der Violine interessiert, er nutzt sie nur um des Ruhmes willen aus; das «Ich» ist für ihn weit wichtiger als die Musik, und ebenso ist es mit dem Schriftsteller oder dem Maler, die mit einem Auge nach dem Ruhm ausschauen. Der Musiker identifiziert sein «Ich» mit dem, was er für schöne Musik hält, und der religiöse Mensch identifiziert sein «Ich» mit dem, was er für das Höchste hält. Sie alle sind auf ihren besonderen, kleinen Gebieten begabt, aber der Rest des unermeßlichen Lebensbereiches wird mißachtet. Darum müssen wir herausfinden, was Kunstfertigkeit in der Handlung, im Leben bedeutet, nicht nur beim Malen oder Schreiben oder in der Technologie, sondern wie man das ganze Leben wie ein Künstler mit Schönheit füllen kann. Sind künstlerisches Tun und Schönheit dasselbe? Kann ein Mensch – ganz gleich, ob er ein Künstler ist oder nicht – sein ganzes Leben künstlerisch und in Schönheit zubringen? Leben ist Handlung, und wenn diese Handlung Leid hervorbringt, hört sie auf, ein Kunstwerk zu sein. Kann also der Mensch ohne Kummer leben, ohne Reibung, ohne Eifersucht und Habgier, ohne Konflikt irgendwelcher Art? Die Frage ist nicht, wer ein Künstler ist und wer nicht, sondern ob der Mensch,

Sie oder ein anderer, ohne Qual und Verkrampfung leben kann. Natürlich ist es nicht richtig, große Tonkunst, große Bildhauerkunst, große Dichtkunst oder Tanzkunst zu schmälern oder darüber zu spötteln, das hieße im eigenen Leben unkünstlerisch zu sein. Künstlertum und Schönheit, das heißt Vollendung im Tun, sollten während des ganzen Tages wirksam sein, nicht nur während einiger Stunden. Das ist die eigentliche Herausforderung und nicht nur schön Klavier zu spielen. Wenn man überhaupt Klavier spielt, sollte man es schön tun, aber das ist nicht genug. Es ist so, als kultiviere man eine kleine Ecke eines großen Feldes. Wir befassen uns mit dem ganzen Bereich, und dieser Bereich ist das Leben. Wir vernachläßigen immer das Ganze und konzentrieren uns auf Teilbereiche, auf unsere eigenen oder auf die anderer Menschen. Künstlertum heißt vollkommen wach zu sein und daher künstlerisch in jeder Handlung des gesamten Lebensbereichs – und das ist Schönheit.

Frager: Was ist mit dem Fabrikarbeiter oder dem Büroangestellten? Ist er ein Künstler? Schließt nicht seine Arbeit jedes künstlerische Tun aus und stumpft ihn derart ab, daß er auch sonst keine künstlerische Bagabung mehr hat? Wird er nicht durch seine Arbeit einseitig festgelegt?

Krishnamurti: Natürlich wird er das. Aber wenn er wach wird, wird er entweder seine Arbeit aufgeben oder sie so verwandeln, daß sie zur Kunst wird. Wichtig ist nicht die Arbeit, sondern sich ihrer bewußt zu werden. Wichtig ist nicht die Begrenztheit der Arbeit, sondern das Erwachen.

Frager: Was meinen Sie mit Erwachen?

Krishnamurti: Werden Sie nur durch die Umstände aufgerüttelt, durch Herausforderungen, durch irgendein Mißgeschick oder eine Freude? Oder gibt es einen Zustand des Wachseins ohne jede Ursache? Wenn Sie durch ein Ereignis, eine Ursache wach gemacht werden, dann sind Sie davon abhängig, und wenn Sie auf irgend etwas angewiesen sind – sei es auf eine Droge, Sex, Malen oder Musik –, lassen Sie es zu, in Schlaf versetzt zu werden. So ist jede Abhängigkeit das Ende des Künstlertums.

Frager: Welches ist dieser andere wache Zustand, der keine Ursache hat? Sie sprechen über einen Zustand, in dem es weder eine Ursache noch eine Wirkung gibt. Gibt es einen Zustand des Geistes, der nicht das Resultat irgendeiner Ursache ist? Ich verstehe das nicht, weil sicherlich alles, was wir denken und was wir tun, das Resultat einer Ursache ist. Es besteht die endlose Kette von Ursache und Wirkung.

Krishnamurti: Diese Kette von Ursache und Wirkung ist endlos, weil die Wirkung zur Ursache wird und die Ursache weiterhin Wirkungen erzeugt.

Frager: Welche Handlung gibt es nun außerhalb dieser Kette?

Krishnamurti: Alles was wir kennen, ist Handlung aus einer Ursache, einem Motiv, ist Handlung als Resultat. Jede Handlung hat Bezugspunkte. Wenn die Beziehungen auf Ursachen basieren, ist das kluge Anpassung und führt daher unvermeidlich zu einer anderen Form des Stumpfsinns. Liebe ist das einzige, das ursachlos, das unabhängig ist; sie ist Schönheit, sie ist Vollkommenheit, sie ist Kunst. Ohne Liebe gibt es keine Kunst. Wenn der Künstler ergreifend spielt, ist kein «Ich» da; da ist Liebe und Schönheit, und das ist Kunst, das ist Vollkommenheit in der Handlung. Vollkommenheit in der Handlung ist die Abwesenheit des «Ich». Kunst ist die Abwesenheit des «Ich». Aber wenn man das Leben in seiner Ganzheit vernachläßigt und sich nur auf einen kleinen Teil konzentriert – so sehr auch das «Ich» dabei abwesend sein mag –, lebt man dennoch unvollkommen und ist daher kein Lebenskünstler. Die Abwesenheit des «Ich» im Leben ist Liebe und Schönheit, die ihre eigene Vollkommenheit hervorbringen. Das ist die größte Kunst: im gesamten Bereich des Lebens künstlerisch zu sein.

Frager: Du lieber Gott! Wie soll ich das fertig bringen? Ich sehe und fühle es in meinem Herzen, aber wie kann ich es bewahren?

Krishnamurti: Es gibt keinen Weg, es zu bewahren, es gibt keinen Weg, es zu nähren, man kann es nicht üben; man kann es nur sehen. Sehen ist die größte aller Künste.

ABHÄNGIGKEIT

Frager: Ich würde gern das Wesen der Abhängigkeit verstehen. Ich selbst sehe mich von so vielen Dingen abhängig – von Frauen, von Vergnügungen unterschiedlicher Art, von guten Weinen, von meiner Frau und Kindern, von meinen Freunden, von dem, was die Leute sagen. Glücklicherweise bin ich nicht mehr von religiösen Veranstaltungen abhängig, aber von Büchern, die ich lese, um mich anregen zu lassen und von einem guten Gespräch. Ich sehe, daß die Jugend auch abhängig ist, vielleicht nicht so sehr wie ich es bin, aber sie haben ihre eigenen besonderen Formen der Abhängigkeit. Ich bin im Osten gewesen und habe gesehen, wie sie dort von dem Guru und der Familie abhängig sind. Die Tradition hat dort größere Bedeutung und ist weit tiefer verwurzelt als hier in Europa und natürlich sehr viel mehr als in Amerika. Aber wir alle scheinen von irgend etwas abhängig zu sein, das uns stützt, nicht nur körperlich, sondern weit mehr noch innerlich. Darum möchte ich gerne wissen, ob es überhaupt möglich ist, von der Abhängigkeit wirklich frei zu sein – und sollte man von ihr frei sein?

Krishnamurti: Ich nehme an, daß Sie mit den psychologischen, den inneren Bindungen beschäftigt sind. Je mehr man verhaftet ist, um so größer ist die Abhängigkeit. Man ist nicht nur an Personen, sondern auch an Ideen und Dinge gebunden, man ist an eine bestimmte Umgebung, an ein bestimmtes Land gebunden und so fort. Daraus entspringt die Abhängigkeit und daher der Widerstand.

Frager: Warum Widerstand?

Krishnamurti: Der Gegenstand meiner Bindung ist meine territoriale oder meine sexuelle Domäne. Diese schütze ich, indem ich mich jeder Art von Übergriffen durch andere widersetze. Ich beschränke auch die Freiheit der Person, der ich zugeneigt bin und begrenze meine eigene Freiheit. So ist Verhaftetsein Widerstand. Ich bin an etwas oder an jemanden gebunden. Diese Bindung ist Besitzgier; Besitzgier ist Widerstand, so ist Bindung Widerstand.

Frager: Ja, ich sehe das ein.

Krishnamurti: Jeder Eingriff in meinen Besitz führt rechtlich oder psychologisch zur Gewalt. Also ist Gebundensein Gewalt, Widerstand, Beschränkung – die Beschränkung unserer selbst und des Objektes der Bindung. Bindung bedeutet: das gehört mir und nicht dir; halte dich davon fern! So ist diese Beziehung Widerstand gegen andere. Die ganze Welt ist eingeteilt in mein und dein: meine Meinung, mein Urteil, mein Rat, mein Gott, mein Land – eine unendliche Menge solchen Unfugs. Wenn wir sehen, wie sich das alles abspielt, nicht als Abstraktion, sondern tatsächlich in unserem täglichen Leben, können wir die Frage stellen, warum diese Bindung an Menschen, Dinge und Ideen besteht. Warum ist man abhängig? Alles Sein ist Beziehung, und jede Beziehung befindet sich in dieser Abhängigkeit mit ihrer Gewalttätigkeit, ihrem Widerstand und ihrem Herrschaftsanspruch. Wir haben die ganze Welt dahin gebracht. Wo man besitzt, muß man herrschen. Wir begegnen einem schönen Menschen, Liebe springt auf und augenblicks verwandelt sie sich in Bindung, und das ganze Elend beginnt, und die Liebe ist zum Fenster hinausgeflogen. Dann fragen wir: «Was ist aus unserer großen Liebe geworden?». Das geschieht tagtäglich. Und wenn wir das alles sehen, dann können wir fragen, warum der Mensch ständig verhaftet ist, nicht nur dem, was lieblich ist, sondern auch jeder Art von Illusion und so vielen idiotischen Wahngebilden.

Freiheit ist nicht ein Zustand der Nicht-Abhängigkeit; sie ist ein positiver Zustand, in dem es überhaupt keine Abhängigkeit gibt. Aber sie ist kein Resultat, sie hat keine Ursache.

Das muß klar und deutlich verstanden werden, bevor wir zu der Frage übergehen können, warum der Mensch abhängig ist oder warum er in die Falle der Bindung mit ihrem ganzen Elend gerät. Wenn wir abhängig sind, versuchen wir einen Zustand der Unabhängigkeit zu kultivieren, und das ist eine andere Form des Widerstandes.

Frager: Was also ist Freiheit? Sie sagen, daß sie nicht die Verneinung der Abhängigkeit oder ihr Ende ist. Sie sagen, sie sei nicht Freiheit von etwas, sondern eben Freiheit. Was ist sie nun? Ist sie eine Abstraktion oder eine Wirklichkeit?

Krishnamurti: Freiheit ist keine Abstraktion. Sie ist ein Zustand des Geistes, in dem es keinerlei Widerstand gibt. Sie gleicht nicht einem Fluß, der sich hier und da den Felsblökken anpaßt, um sie herum- oder über sie hinwegströmt. In dieser Freiheit gibt es überhaupt keine Felsblöcke, nur die Bewegung des Wassers.

Frager: Aber der Felsblock der Gebundenheit ist da – in diesem Strom des Lebens. Sie können nicht einfach von einem anderen Strom sprechen, in dem es keine Felsblöcke gibt.

Krishnamurti: Wir vermeiden den Felsblock nicht oder behaupten, daß er nicht existiere. Wir müssen zuerst die Freiheit verstehen. Es ist nicht derselbe Strom wie jener, in dem die Felsblöcke stehen.

Frager: Ich habe noch immer meinen Strom mit seinen Felsblöcken und darum kam ich her, um Sie darüber zu befragen, nicht über irgendeinen anderen unbekannten Strom ohne Felsblöcke. Das hat für mich keinen Wert.

Krishnamurti: Völlig richtig. Aber Sie müssen verstehen, was Freiheit ist, um für Ihre Felsblöcke Verständnis zu haben. Doch wir wollen diesen Vergleich nicht zu Tode prügeln. Wir müssen beides eingehend betrachten: Freiheit und Gebundenheit.

Frager: Was hat meine Gebundenheit mit Freiheit zu tun oder die Freiheit mit meiner Gebundenheit?

Krishnamurti: In Ihrer Bindung liegt Schmerz. Sie möchten diesen Schmerz los sein und kultivieren daher die Loslösung, und das ist eine andere Form des Widerstandes. Im Gegensatz liegt keine Freiheit. Diese beiden Gegensätze sind identisch und verstärken sich gegenseitig. Sie sind daran interessiert, wie Sie die Vergnügungen der Bindung ohne ihre Schmerzen haben können. Das gibt es nicht. Darum ist es so wichtig zu verstehen, daß Freiheit nicht in der Loslösung zu finden ist. Freiheit liegt in dem Prozeß, der uns das Gebundensein verstehen läßt, nicht in der Flucht vor der Bindung. So ist denn unsere Frage jetzt, warum die Menschen gebunden, abhängig sind.

Wenn man nichts ist, wenn man in sich eine Wüste ist, hofft man durch einen anderen Wasser zu finden. Wenn man leer, arm, elend, unzufrieden, ohne Interesse oder Bedeutung ist, hofft man durch einen anderen bereichert zu werden. Durch die Liebe eines anderen hofft man sich selbst zu vergessen. Durch die Schönheit eines anderen hofft man Schönheit zu gewinnen. Durch die Familie, durch die Nation, durch den Geliebten, durch irgendeinen phantastischen Glauben hofft man diese Wüste mit Blumen zu verdecken. Und Gott ist der höchste Geliebte. So schlägt man in alle diese Dinge Haken ein. Darin liegen Leid und Unsicherheit, und die Wüste scheint unfruchtbarer zu sein als je zuvor. Natürlich ist sie weder mehr noch weniger dürr; sie ist was sie war, nur hat man vermieden, darauf hinzuschauen, während man in irgendeine Verhaftung mit ihrem Leid flüchtete und dann vor diesem Leid in die Enthaftung floh. Aber man bleibt dürr und leer wie zuvor. Können wir nun nicht statt der Flucht in die Verhaftung oder der Flucht in die Enthaftung dieser Tatsache gewahr werden, dieser tiefen inneren Armut und Unzulänglichkeit, dieser stumpfsinnigen, wertlosen Isolierung? Darauf allein kommt es an, nicht auf Bindung und Loslösung. Können Sie darauf ohne jedes Gefühl der Verurteilung oder Bewertung schauen? Wenn Sie es tun, schauen Sie dann als Beobachter, der das Beobachtete anschaut, oder ohne den Beobachter?

Frager: Was verstehen Sie unter dem Beobachter?

Krishnamurti: Schauen Sie darauf von einen Zentrum aus mit seinen festgelegten Neigungen und Abneigungen, Meinungen und Urteilen, mit dem Wunsch nach Freiheit von dieser Leere und so fort – schauen Ihre befangenen Augen auf diese Dürre, oder schauen Sie mit Augen, die vollkommen unbefangen sind? Wenn Sie mit völlig unbefangenen Augen darauf schauen, gibt es keinen Beobachter. Wenn kein Beobachter da ist, gibt es dann noch das Beobachtete als Einsamkeit, Leerheit, Elend?

Frager: Wollen Sie damit sagen, daß jener Baum nicht existiert, wenn ich ihn ohne gedankliche Festlegung anschaue, ohne ein Zentrum, das der Beobachter ist?

Krishnamurti: Natürlich existiert der Baum.

Frager: Warum verschwindet Vereinsamung, aber nicht der Baum, wenn ich ohne den Beobachter darauf schaue?

Krishnamurti: Weil der Baum nicht von dem Zentrum geschaffen wird, von dem «Ich». Aber der ichhafte Geist hat mit seiner egozentrischen Aktivität diese Leerheit, diese Isolierung geschaffen. Und wenn der Mensch ohne das Zentrum schaut, endet die egozentrische Aktivität. Dann gibt es keine Einsamkeit mehr. Dann funktioniert der Geist in Freiheit. Wenn man die gesamte Struktur der Bindung und Loslösung und die Regungen von Lust und Leid anschaut, sieht man, wie das «Ich» seine eigene Wüste und seine eigenen Fluchtwege baut. Wenn das «Ich» still ist, dann gibt es keine Wüste und keine Flucht.

GLAUBE

Frager: Ich gehöre zu jenen Menschen, die wahrhaft an Gott glauben. In Indien folgte ich einem der großen, modernen Heiligen, der, weil er an Gott glaubte, dort große politische Veränderungen zustandegebracht hat. In Indien ist das ganze Land vom Herzschlag Gottes durchpulst. Wie ich gehört habe, sprechen Sie gegen den Glauben; also glauben Sie wahrscheinlich nicht an Gott. Aber Sie sind ein religiöser Mensch, und daher muß in Ihnen ein gewisses Gefühl für das Allerhöchste sein. Ich bin durch ganz Indien und durch viele Teile Europas gereist, habe Klöster, Kirchen und Moscheen besucht, und überall habe ich diesen sehr starken, zwingenden Glauben an Gott gefunden, von dem wir hoffen, daß er unser Leben formt. Da Sie nun nicht an Gott glauben, obgleich Sie ein religiöser Mensch sind, wie stehen Sie eigentlich zu dieser Frage? Warum glauben Sie nicht? Sind Sie ein Atheist? Wie Sie wissen, können Sie im Hinduismus ein Atheist oder ein Theist und dennoch ebensogut ein Hindu sein. Natürlich ist es mit den Christen anders. Wer nicht an Gott glaubt, kann kein Christ sein. Aber das gehört nicht zur Sache. Der Grund für mein Kommen ist, Sie zu bitten, mir Ihre Haltung zu erklären und mir deren Richtigkeit darlegen. Die Menschen folgen Ihnen, und daher haben Sie eine Verantwortung, und daher fordere ich Sie auf diese Art heraus.

Krishnamurti: Wir wollen zunächst diesen letzten Punkt klarstellen. Es gibt keine Nachfolger, und ich habe keine Verantwortung Ihnen oder den Menschen gegenüber, die meinen Reden zuhören. Ich bin auch kein Hindu oder irgend etwas anderes, denn ich gehöre zu keiner Gruppe, weder zu einer religiösen noch zu einer anderen. Jeder muß sich selbst ein Licht sein. Darum gibt es keinen Lehrer, keinen Schüler. Das muß von Anfang an deutlich verstanden werden, andernfalls wird man beeinflußt, wird zu einem

Sklaven der Propaganda und der Überredung. Daher ist alles was jetzt gesagt wird, kein Dogma oder Glaubenssatz und keine Überredung; entweder begegnen wir einander im Verstehen, oder wir tun es nicht. Nun sagten Sie sehr nachdrücklich, daß Sie an Gott glauben, und wahrscheinlich möchten Sie durch diesen Glauben das erfahren, was man als Gottheit bezeichnen mag. Der Glaube schließt viele Dinge ein; da ist der Glaube an Tatsachen, die Sie nicht gesehen haben mögen, aber die Sie nachprüfen können, wie die Existenz von New York oder die des Eiffelturms. Dann mögen Sie glauben, daß Ihre Frau Ihnen treu ist, obgleich Sie es nicht wirklich wissen. Sie mag in Gedanken untreu sein, doch Sie glauben an ihre Treue, weil Sie sie in Wirklichkeit nicht mit einem anderen davongehen sehen; sie mag Sie ständig in Gedanken betrügen, und Sie haben höchstwahrscheinlich das gleiche auch getan. Sie glauben an Wiedergeburt, obgleich keine Gewißheit besteht, daß es etwas dergleichen gibt; jedoch ist dieser Glaube für Ihr Leben ohne Verbindlichkeit, nicht wahr? Alle Christen glauben, daß sie lieben müssen, aber sie tun es nicht – wie jeder andere sind sie bereit zu töten, körperlich und seelisch. Es gibt Menschen, die nicht an Gott glauben und doch Gutes tun. Es gibt solche, die an Gott glauben und für diesen Glauben töten und solche, die den Krieg vorbereiten und dabei den Anspruch erheben, daß sie den Frieden wollen, und so fort. Man muß sich also fragen, welche Notwendigkeit besteht, überhaupt an irgend etwas zu glauben, womit jedoch das ungewöhnliche Mysterium des Lebens nicht verneint wird. Aber der Glaube ist eine Sache, und das «was ist» ist eine andere Sache. Glaube ist ein Wort, ein Gedanke, und das ist nicht das Eigentliche, ebensowenig wie Ihr Name wirklich Sie sind.

Durch Erfahrung hoffen Sie die Echtheit Ihres Glaubens zu erleben und sich selbst den Beweis dafür zu liefern, aber dieser Glaube beeinflußt Ihre Erfahrung. Es ist nicht so, daß die Erfahrung den Glauben bestätigt, sondern der Glaube bringt vielmehr die Erfahrung hervor. Durch Ihren Glauben an Gott werden Sie immer das erfahren, was Sie Gott nennen. Sie werden immer das erfahren, was Sie glauben, und nichts sonst. Und das macht Ihre Erfahrung ungültig. Der Christ wird Madonnen, Engel und Christus sehen, und der Hindu wird ähnliche Gottheiten in verschwenderischer Fülle sehen. Mit dem Moslem, dem Buddhisten, dem Juden und dem Kommunisten ist es nicht anders. Der Glaube bedingt seinen eigenen angeblichen Beweis. Wichtig ist nicht, was Sie glauben, sondern nur, warum Sie überhaupt glauben. Warum glauben Sie? Und welchen Unterschied macht es schon für das, was wirklich *ist,* ob Sie an das eine oder das andere glauben? Tatsachen werden nicht durch den Glauben oder durch den Unglauben beeinflußt. Man muß also fragen, warum man überhaupt an irgend etwas glaubt, welches die Grundlage des Glaubens ist. Ist es Furcht, ist es die Unsicherheit des Lebens – die Furcht vor dem Unbekannten, der Mangel an Sicherheit in dieser sich ständig wandelnden Welt? Ist es die Ungewißheit der Beziehungen oder liegt es daran, daß man sich im Anblick der unermeßlichkeit des Lebens, die man nicht begreift, mit dem Schutz des Glaubens umfriedet? Wenn ich Sie daher fragen darf: Würden Sie irgendeinen Glauben haben, wenn Sie gar keine Furcht hätten?

Frager: Ich bin durchaus nicht sicher, daß ich mich fürchte, aber ich liebe Gott, und diese Liebe ist es, die mich an ihn glauben läßt.

Krishnamurti: Wollen Sie damit sagen, daß Sie frei von Furcht sind und daher wissen, was Liebe ist?

Frager: Ich habe Furcht durch Liebe ersetzt; darum ist Furcht für mich nicht existent, und darum basiert mein Glaube nicht auf Furcht.

Krishnamurti: Können Sie Liebe an die Stelle der Furcht setzen? Ist das nicht ein Akt des Denkens, das sich fürchtet und daher die Furcht mit dem Wort Liebe abdeckt, was wiederum ein Glaube ist? Sie haben diese Furcht mit einem Wort bemäntelt, und Sie hängen an dem Wort in der Hoffnung, die Furcht zu zerstreuen.

Frager: Was Sie sagen, verstört mich in hohem Maße. Ich bin durchaus nicht sicher, daß ich hier weitergehen möchte, weil mich mein Glaube und meine Liebe gestützt und mir geholfen haben, ein einwandfreies Leben zu führen. Diese Infragestellung meines Glaubens erzeugt ein Gefühl der Unordnung, vor dem ich mich offen gesagt fürchte.

Krishnamurti: So ist also Furcht da, die Sie jetzt zu entdecken beginnen; das verwirrt Sie. Der Glaube kommt aus der Furcht und ist äußerst zerstörerisch. Man muß von der Furcht und vom Glauben frei sein. Der Glaube trennt die Menschen, macht sie hart, läßt sie einander hassen und den Krieg fördern. Auf einem Umweg geben Sie widerwillig zu, daß die Furcht den Glauben hervorbringt. Freiheit vom Glauben ist notwendig, um der Tatsache der Furcht ins Auge zu sehen. Der Glaube ist wie jedes andere Ideal eine Flucht vor dem «was ist». Wenn keine Furcht vorhanden ist, lebt der Mensch in einer ganz anderen Dimension. Nur dann können Sie die Frage stellen, ob es einen Gott gibt oder nicht. Ein Geist, der von Furcht oder Glauben umwölkt ist, kann in keiner Weise das verstehen oder verwirklichen, was Wahrheit ist. Solch ein Mensch lebt in der Illusion und kann gewiß nicht zu dem Höchsten gelangen. Das Höchste hat nichts mit Ihrem Glauben, Ihrer Meinung oder Überzeugung oder mit der irgendeines anderen zu tun. Da Sie nicht wissen, glauben Sie, aber zu wissen bedeutet Nichtwissen. Wissen liegt innerhalb des winzigen Feldes der Zeit, und der Mensch, der sagt «ich weiß», ist zeitgebunden und kann darum unmöglich das verstehen «was ist». Wenn

Sie also sagen, «ich kenne meine Frau und meinen Freund», kennen Sie nur das Bild von ihnen oder die Erinnerung an sie, und das ist die Vergangenheit. Daher können Sie niemals irgendwen oder irgend etwas wirklich kennen. Sie können nicht etwas kennen, das lebendig ist, sondern nur etwas, das tot ist. Wenn Sie das einsehen, werden Sie Ihre Beziehungen nicht länger mit Begriffen des Wissens betrachten. Man kann also niemals sagen, «es gibt keinen Gott» oder «ich kenne Gott». Beides sind Gotteslästerungen. Um das zu verstehen «was ist», muß Freiheit da sein, nicht nur vom Bekannten, sondern auch von der Furcht vor dem Bekannten und von der Furcht vor dem Unbekannten.

Frager: Sie sprechen vom Verstehen dessen was «ist», und dennoch verneinen Sie die Gültigkeit des Wissens. Was bedeutet dieses Verstehen, wenn es nicht Wissen ist?

Krishnamurti: Diese beiden sind völlig verschieden. Wissen ist immer auf die Vergangenheit bezogen und bindet Sie daher an die Vergangenheit. Im Unterschied zum Wissen ist das Verstehen keine gedankliche Folgerung, keine Anhäufung. Wenn Sie wirklich zugehört haben, haben Sie verstanden. Verstehen ist Achtsamkeit. Wenn Sie völlig dabei sind, verstehen Sie. So ist das Verstehen der Furcht das Ende der Furcht. Ihr Glaube kann folglich nicht länger der vorherrschende Faktor sein; das Verständnis der Furcht ist vorherrschend. Wenn es keine Furcht gibt, ist Freiheit da. Nur dann kann man entdecken, was wahr ist. Wenn das was «ist» nicht durch die Furcht entstellt wird, dann ist das was «ist» wahr. Es ist nicht das Wort. Sie können die Wahrheit nicht mit Worten messen. Liebe ist nicht ein Wort, noch ein Glaube, noch etwas, das Sie erbeuten können und sagen, «es ist mein». Ohne Liebe und Schönheit ist das, was Sie Gott nennen, überhaupt nichts.

TRÄUME

Frager: Von Fachleuten wurde mir gesagt, daß das Träumen ebenso lebenswichtig sei wie das Denken und Tun bei Tage und daß mein tägliches Leben unter starker Belastung und großer Spannung stehen würde, wenn ich nicht träumte. Sie betonen nachdrücklich, und hier benutze ich nicht deren Ausdrucksweise, sondern meine eigenen Worte, daß während bestimmter Perioden des Schlafes die Bewegungen der Augenlider erquickende Träume anzeigen und daß diese dem Gehirn eine gewisse Klarheit bringen. Ich würde gerne wissen, ob die Stille des Geistes, über die Sie so oft gesprochen haben, dem Leben nicht größere Harmonie bringen könnte als das Gleichgewicht, das durch die Traummodelle hervorgebracht wird. Ich würde auch gerne fragen, warum die Sprache der Träume symbolhaft ist.

Krishnamurti: Die Sprache ist selbst ein Symbol, und wir sind an Symbole gewöhnt. Wir sehen den Baum durch das Leitbild, welches das Symbol des Baumes ist, wir sehen unseren Nachbarn durch das Bild, das wir von ihm haben. Augenscheinlich ist es für den Menschen eines der schwierigsten Dinge, etwas direkt anzuschauen und nicht durch Bilder, Meinungen und Überzeugungen, die alle symbolisch sind. So spielen in den Träumen die Symbole eine große Rolle, und darin liegt große Täuschung und Gefahr. Die Bedeutung eines Traumes ist uns nicht immer klar, obgleich wir ihren Symbolcharakter erfassen und ihn zu entziffern versuchen. Wenn wir etwas sehen, sprechen wir so spontan darüber, daß wir nicht erkennen, daß Worte auch Symbole sind. Alles das zeigt doch an, daß es in technischen Dingen eine unmittelbare Kommunikation gibt, doch selten in den menschlichen Beziehungen und dem gegenseitigen Verstehen. Sie brauchen keine Symbole, wenn jemand Sie schlägt; das ist eine direkte Kommunikation. Es ist eine sehr interessante

Sache, daß der Mensch sich weigert, die Dinge direkt zu sehen, sich selbst ohne das Wort und das Symbol wahrzunehmen. Sie sagen, der Himmel ist blau. Der Zuhörer übersetzt es dann nach seiner persönlichen Beziehung zur Bläue und übermittelt es Ihnen nach seinem eigenen Schlüssel. Wir leben also in Symbolen, und Träume sind ein Teil dieses symbolischen Prozesses. Wir sind direkter und unmittelbarer Wahrnehmung ohne Symbole, Worte, Vorurteile und Festlegungen unfähig. Der Grund dafür ist durchaus einleuchtend: es gehört zu der egozentrischen Aktivität mit ihren Schutzmaßnahmen, Widerständen, Ausflüchten und Ängsten. In der Aktivität des Gehirns liegt eine chiffrierte Antwort bereit, und Träume müssen natürlich symbolisch sein, weil wir während der wachen Stunden einer direkten Antwort oder Wahrnehmung unfähig sind.

Frager: Es scheint mir, daß das dann eine angeborene Gehirnfunktion ist.

Krishnamurti: Angeboren bedeutet etwas Fortdauerndes, Unvermeidliches und Beständiges. Sicherlich kann jeder psychologische Zustand geändert werden. Nur das tiefe, ständige Verlangen des Gehirns nach der physischen Sicherheit des Organismus ist angeboren. Symbole sind eine Erfindung des Gehirns, um die Psyche zu schützen; darin besteht der ganze Denkprozeß. Das «Ich» ist ein Symbol, keine Wirklichkeit. Nachdem das Denken das Symbol des «Ich» geschaffen hat, identifiziert es sich mit seiner Festlegung, mit der Formel und verteidigt sie dann. Alles Elend und Leid kommt von daher.

Frager: Wie kann ich da herumkommen?

Krishnamurti: Wenn Sie fragen, wie Sie das vermeiden können, halten Sie noch an dem Symbol des «Ich» fest, das unwirklich ist.

Frager: Darf ich an einem anderen Tage wiederkommen, um das Gespräch fortzusetzen?

*

Frager: Sie waren so freundlich, mich wiederkommen zu lassen, und ich würde gerne dort fortfahren, wo wir stehengeblieben sind. Wir sprachen über Symbole und Träume, und Sie wiesen darauf hin, daß wir mit Symbolen leben und sie so entziffern, daß es uns befriedigt. Wir tun es nicht nur in Träumen, sondern auch im täglichen Leben; es ist unser übliches Verhalten. Unsere meisten Handlungen basieren auf der Interpretation der Symbole oder Bilder, die wir haben. Seltsamerweise haben meine Träume, nachdem ich mit Ihnen neulich gesprochen habe, eine eigentümliche Wendung genommen. Ich hatte sehr beunruhigende Träume, und die Interpretation dieser Träume fand statt, während ich sie noch träumte. Es war ein gleichzeitiger Prozeß; der Traum wurde vom Träumer interpretiert. Da ist mir nie zuvor geschehen.

Krishnamurti: Während unserer wachen Stunden ist immer der Beobachter da, verschieden von dem Beobachteten, der Handelnde, getrennt von seiner Handlung. In der gleichen Art ist der Träumer von seinem Traum getrennt. Er glaubt, der Traum sei von ihm getrennt und bedürfe daher dringend der Interpretation. Aber ist der Traum vom Träumer getrennt und besteht irgendein Bedürfnis, ihn zu interpretieren? Wenn der Beobachter das Beobachtete ist, welche Notwendigkeit besteht dann zu interpretieren, zu urteilen, zu bewerten? Diese Notwendigkeit wäre nur gegeben, wenn der Beobachter von dem Beobachteten unterschieden wäre. Es ist sehr wichtig, das zu verstehen. Wir haben das Beobachtete von dem Beobachter getrennt, und daraus entsteht nicht nur das Problem der Interpretation, sondern auch der Konflikt und die vielen Probleme, die damit verbunden sind. Diese Einteilung ist eine Illusion. Diese Einteilung in Gruppen, Rassen, Nationalitäten ist falsch. Wir sind Wesen, die nicht durch Namen, durch Kennzeichen getrennt sind. Wenn die Etikettierung äußerst wichtig wird, kommt es zur Spaltung, und dann entstehen Kriege und alle anderen Streitereien.

Frager: Wie soll ich dann den Inhalt des Traumes verstehen? Er muß Bedeutung haben. Ist es ein Zufall, daß ich von einem bestimmten Ereignis oder einer bestimmten Person träume?

Krishnamurti: Wir sollten das wirklich ganz anders sehen. Gibt es da irgend etwas zu verstehen? Wenn der Beobachter glaubt, daß er etwas anderes ist als das Beobachtete, macht er einen Versuch, das zu verstehen, was außerhalb von ihm ist. Der gleiche Prozeß geht innerlich bei ihm vor sich. Da ist der Beobachter, der den Wunsch hat, das zu verstehen, was er beobachtet, und das ist er selbst. Aber wenn der Beobachter das Beobachtete *ist,* stellt sich die Frage des Verstehens gar nicht; *es gibt nur das Beobachten.* Sie sagen, daß es im Traum etwas zu verstehen gibt, sonst würde es keinen Traum geben. Sie meinen, daß der Traum auf etwas Ungelöstes hinweist, das man verstehen sollte. Sie gebrauchen das Wort «verstehen», und in diesem Wort liegt der dualistische Prozeß. Sie glauben, daß da ein «Ich» ist und etwas, das verstanden werden muß, während in Wirklichkeit diese beiden Dinge ein und dasselbe sind. Darum ist Ihr Suchen nach einer Bedeutung des Traumes eine Konflikthandlung.

Frager: Würden Sie sagen, daß sich im Traum ein bestimmter Inhalt des Geistes äußert?

Krishnamurti: Offensichtlich ist es so.

Frager: Ich verstehe nicht, wie es möglich ist, einen Traum in der Art zu betrachten, wie Sie es beschreiben. Wenn er keine Bedeutung hat, warum gibt es ihn dann?

Krishnamurti: Das «Ich» ist der Träumer, und der Träumer wünscht einen Sinn in dem Traum zu sehen, den er selbst erfunden oder projiziert hat; so sind beides Träume, beide sind unreal. Diese Unwirklichkeit ist für den Träumer Wirklichkeit geworden, für den Beobachter, der sich selbst als gesondert sieht. Das ganze Problem der Trauminterpretation entsteht aus dieser Trennung, dieser Aufteilung in den Handelnden und die Handlung.

Frager: Ich werde immer verwirrter; Können wir diese Frage nochmals anders behandeln? Ich kann einsehen, daß ein Traum das Produkt meines Geistes und von ihm nicht getrennt ist, aber Träume scheinen aus Ebenen des Geistes zu kommen, die noch nicht erforscht worden sind, und so scheinen sie auf etwas hinzuweisen, das im Geist lebendig ist.

Krishnamurti: Es ist nicht Ihr individueller Geist, in dem es verborgene Dinge gibt. Ihr Geist ist der Geist des Menschen; Ihr Bewußtsein ist das menschliche Gesamtbewußtsein. Aber wenn Sie den Geist als *Ihren* Geist vereinzeln, beschränken Sie seine Aktivität, und aus dieser Begrenzung entstehen Träume. Beobachten Sie während der wachen Stunden ohne den Beobachter, der der Ausdruck der Begrenzung ist. Jede Einteilung ist Begrenzung. Wenn der Beobachter sich in ein «Ich» und ein «Nicht-Ich» eingeteilt hat, dann hat das «Ich», der Beobachter, der Träumer viele Probleme – darunter die Träume und ihre Interpretation. Auf jeden Fall werden Sie die Bedeutung und den Wert eines Traumes nur in einer begrenzten Weise sehen, weil der Beobachter immer begrenzt ist. Der Träumer setzt seine eigene Begrenzung fort, darum ist der Traum immer der Ausdruck des Unvollkommenen, niemals des Ganzen.

Frager: Vom Mond wurden Steine zurückgebracht, um die Zusammensetzung des Mondes zu verstehen. In derselben Art versuchen wir das menschliche Denken zu verstehen, indem wir aus unseren Träumen Teile zurückbringen und untersuchen, was sie ausdrücken.

Krishnamurti: Die Äußerungen des Geistes sind seine Fragmente. Jeder Teil drückt sich auf seine Weise aus und steht im Widerspruch zu anderen Teilen. Ein Traum mag unvereinbar sein mit einem anderen Traum, eine Handlung mit einer anderen Handlung, ein Wunsch mit einem anderen Wunsch. Der Mensch lebt in dieser Verwirrung. Ein Teil des Geistes sagt, daß er einen anderen Teil verstehen müsse, wie zum Beispiel einen Traum, eine Handlung oder einen Wunsch. So hat jedes Teilstück seinen eigenen Beobachter, seine eigene Aktivität. Dann versucht ein Super-Beobachter sie alle in Harmonie zu bringen. Der Super-Beobachter ist auch ein Fragment des Geistes. Diese Widersprüche, diese Einteilungen sind es, die die Träume hervorbringen.

So ist das wirkliche Problem nicht die Interpretation oder das Verstehen eines besonderen Traumes; es kommt darauf an wahrzunehmen, daß diese vielen Fragmente in dem Ganzen enthalten sind. Dann sehen Sie sich selbst als ein Ganzes und nicht als das Teilstück eines Ganzen.

Frager: Wollen Sie damit sagen, daß man während des Tages der ganzen Bewegung des Lebens gewahr sein sollte, nicht bloß seines Familien- oder Geschäftslebens oder irgendeines anderen einzelnen Lebensaspektes?

Krishnamurti: Bewußtsein ist das menschliche Gesamtbewußtsein und gehört nicht zu einem einzelnen Menschen. Wenn das Einzelbewußtsein im Menschen besteht, dann gibt es das komplexe Problem der Zersplitterung, des Widerspruchs und des Krieges. Wenn der Mensch sich der totalen Bewegung des Lebens während der wachen Stunden bewußt ist, welche

Notwendigkeit besteht dann überhaupt noch für Träume? Dieses totale Gewahrsein, diese Achtsamkeit macht der Zersplitterung und der Einteilung ein Ende. Wenn keinerlei Konflikt mehr vorhanden ist, hat der Mensch kein Bedürfnis mehr zu träumen.

Frager: Das öffnet gewiß eine Tür, durch die ich viele Dinge sehe.

Frager: Kann man wirklich frei von Tradition sein? Kann man überhaupt von irgend etwas frei sein? Oder weicht man einfach aus und kümmert sich um nichts? Sie sprechen viel über die Vergangenheit und wie sie abhängig macht – aber kann ich wirklich von diesem ganzen Hintergrund meines Lebens frei sein? Oder kann ich den Hintergrund nur entsprechend den vielfältigen äußeren Erfordernissen und Herausforderungen modifizieren, mich ihm mehr anpassen als davon frei zu werden? Für mich scheint das eines der wichtigsten Dinge zu sein, und ich würde das gerne verstehen, denn ich habe immer das Gefühl, daß ich eine Last mit mir herumtrage – das Gewicht der Vergangenheit. Ich würde die Vergangenheit gerne abstreifen und von dannen gehen und niemals dahin zurückkehren. Ist das möglich?

Krishnamurti: Bedeutet Tradition nicht das Hinübertragen der Vergangenheit in die Gegenwart? Die Vergangenheit ist nicht nur unsere individuelle Kette von Erbanlagen, sondern auch die Last aller kollektiven Gedanken einzelner Menschengruppen, die in einer bestimmten Kultur und Tradition gelebt haben. Man trägt das angehäufte Wissen und die Erfahrung der Rasse und der Familie in sich. Das alles gehört zur Vergangenheit – das Hinübertragen des Bekannten in die Gegenwart, wodurch die Zukunft geformt wird. Ist nicht der gesamte Geschichtsunterricht eine Form der Tradition? Sie wollen wissen, ob man von dem allen frei sein kann. Zunächst, warum wünscht man frei zu sein? Warum möchte man diese Last ablegen? Warum?

Frager: Ich denke, das ist ziemlich einfach. Ich möchte nicht die Vergangenheit sein – ich wünsche ich selbst zu sein. Ich möchte von dieser ganzen Tradition gereinigt sein, so daß ich ein neuer Mensch sein kann. Ich glaube, daß die meisten Menschen diesen Wunsch empfinden, neu geboren zu werden.

Krishnamurti: Sie können unmöglich ein neuer Mensch werden, nur weil Sie sich das wünschen oder darum kämpfen. Sie müssen nicht nur die Vergangenheit verstehen, sondern müssen auch herausfinden, wer Sie sind. Sind Sie nicht die Vergangenheit? Sind Sie nicht die Fortdauer dessen, was gewesen ist, modifiziert durch die Gegenwart?

Frager: Meine Handlungen und meine Gedanken sind es, aber mein Wesen ist es nicht.

Krishnamurti: Können Sie die beiden – Handlung und Denken – von dem Wesen trennen? Sind nicht Denken, Handlung, Dasein, Leben und Beziehung eines? Diese Aufspaltung in «Ich» und «Nicht-Ich» ist teil dieser Tradition.

Frager: Meinen Sie, daß ich ausgelöscht bin, daß ich aufgehört habe zu existieren, wenn ich nicht denke, wenn die Vergangenheit nicht wirksam ist?

Krishnamurti: Wir wollen nicht zu viele Fragen stellen, sondern das betrachten, womit wir begonnen haben. Kann man von der Vergangenheit frei sein, nicht nur von der jüngsten, sondern von der unvordenklichen, der kollektiven, der rassischen, der menschlichen, der animalischen? Das alles sind Sie; Sie sind davon nicht getrennt, und Sie fragen, ob Sie das alles beiseite tun und neu geboren werden können. Sie *sind* das, und wenn Sie wünschen, als ein neues Wesen wiedergeboren zu werden, dann ist das neue Wesen, das Sie sich vorstellen, eine Projektion des alten, überdeckt mit dem Wort «neu». Aber darunter sind Sie die Vergangenheit. So lautet die Frage: Kann die Vergangenheit beiseite getan werden oder besteht eine modifizierte Form der Tradition für immer fort, die sich verändert, die anhäuft, verwirft, aber immer die Vergangenheit in verschiedenen Kombinationen ist? Die Vergangenheit ist die Ursache, und die Gegenwart ist die Folge, und das Heute, das die Auswirkung des Gestern ist, wird die Ursache von Morgen. Diese Kette ist der Weg des Denkens, denn das Denken ist die Vergangenheit. Sie fragen, ob man diese Bewegung des Gestern in das Heute stoppen kann. Kann man die Vergangenheit betrachten, um sie zu prüfen, oder ist das überhaupt nicht möglich? Um darauf zu schauen, muß der Beobachter außerhalb davon sein – und er ist es nicht. So ergibt sich ein anderes Problem. Wenn der Beobachter selbst die Vergangenheit ist, wie kann dann die Vergangenheit isoliert werden, um sie zu betrachten?

Frager: Ich kann objektiv auf etwas schauen ...

Krishnamurti: Aber Sie, der Sie der Beobachter sind, Sie sind die Vergangenheit, die versucht, sich selbst zu betrachten. Sie können sich selbst nur als ein Bild objektivieren, das Sie durch die Jahre hindurch aus allen Ihren Beziehungen zusammengebaut haben, und so ist das «Ich», das Sie objektivieren, Erinnerung und Einbildung, es ist die Vergangenheit. Sie versuchen sich zu betrachten, als wären sie unterschieden von dem Wesen, das schaut; aber Sie *sind* die Vergangenheit mit ihren alten Urteilen, Bewertungen und so fort. Die Erinnerung an die Vergangenheit bewirkt ein Handeln aus der Vergangenheit. Darum gibt es niemals eine Befreiung von der Vergangenheit. Die unausgesetzte Prüfung der Vergangenheit durch die Vergangenheit läßt die Vergangenheit fortbestehen; eben das ist die Handlung der Vergangenheit, und eben das ist der Kern der Tradition.

Frager: Welche Handlung ist dann möglich? Wenn ich die Vergangenheit bin – und ich kann sehen, daß es so ist –, dann vermehrt alles, was ich tue, um sie auszumerzen, die Vergangenheit. So stehe ich hilflos da! Was kann ich tun?

Ich kann nicht beten, weil die Erfindung eines Gottes wiederum die Handlung der Vergangenheit ist. Ich kann nicht auf einen anderen zählen, denn der andere ist auch eine Schöpfung meiner Verzweiflung. Ich kann vor dem allen nicht davonlaufen, weil ich letztlich doch stets mit meiner Vergangenheit da bin. Ich kann mich mit keinem Bild identifizieren, das nicht aus der Vergangenheit stammt, weil jedes Bild auch meine eigene Projektion ist. Wenn ich das alles sehe, stehe ich wirklich hilflos und hoffnungslos da.

Krishnamurti: Warum nennen Sie es Hilflosigkeit und Hoffnungslosigkeit? Übertragen Sie nicht das, was Sie als Vergangenheit sehen, in eine emotionale Angst, weil Sie ein bestimmtes Resultat nicht erreichen können? Indem Sie das tun, lassen Sie wieder die Vergangenheit handeln. Können Sie nun auf alle Regungen der Vergangenheit und deren gesamte Traditionen schauen, ohne den Wunsch, davon frei zu sein, sie zu verändern, zu modifizieren oder davor davonzulaufen – sie einfach betrachten, ohne jede Reaktion?

Frager: Aber wie wir während dieses ganzen Gesprächs gesagt haben: wie kann ich die Vergangenheit betrachten, wenn ich die Vergangenheit bin? Ich kann sie überhaupt nicht betrachten!

Krishnamurti: Können Sie sich, der Sie die Vergangenheit sind, betrachten ohne jede Regung des Denkens, das ja die Vergangenheit ist? Wenn Sie ohne Denken schauen können, ohne Bewertung, Zuneigung, Abneigung, Urteil, dann ist es ein Schauen mit Augen, die nicht durch die Vergangenheit berührt sind. Es bedeutet, schweigend zu schauen – ohne den Lärm der Gedanken. In diesem Schweigen gibt es weder den Beobachter noch das, worauf er als die Vergangenheit schaut.

Frager: Wollen Sie sagen, daß die Vergangenheit verschwunden ist, wenn man ohne Bewertung oder Urteil schaut? Aber sie ist nicht verschwunden – da gibt es weiterhin Tausende von Gedanken und Handlungen und die vielen Nichtigkeiten, die noch kurz zuvor gewuchert haben. Ich betrachte sie, und sie sind noch da. Wie können Sie sagen, daß die Vergangenheit verschwunden ist? Sie mag im Augenblick aufgehört haben, aktiv zu sein . . .

Krishnamurti: Wenn der Geist ruhig ist, ist dieses Schweigen eine neue Dimension, und wenn da irgendeine Belanglosigkeit auftaucht, wird sie im Augenblick aufgelöst, weil der Geist jetzt eine andere Art von Energie besitzt, die nichts mit der Energie zu tun hat, die von der Vergangenheit erzeugt wurde. Es kommt allein darauf an, diese Energie zu besitzen, die das Weitertragen der Vergangenheit auflöst. Das Hinübertragen der Vergangenheit ist eine Energie anderer Art; das Schweigen löscht sie aus; die größere absorbiert die geringere und bleibt unberührt. Sie ist gleich dem Meer, das die schmutzigen Flüsse aufnimmt und selbst sauber bleibt; darauf kommt es an. Nur diese Energie kann die Vergangenheit auslöschen. Entweder ist das Schweigen da oder der Lärm der Vergangenheit. In diesem Schweigen hört der Lärm auf, und das Neue ist dieses Schweigen. Es ist nicht so, daß *Sie* neu erschaffen werden. Dieses Schweigen ist unendlich, und die Vergangenheit ist begrenzt. Das Bedingtsein der Vergangenheit bricht in der Fülle des Schweigens zusammen.

BEDINGTSEIN

Frager: Sie haben sehr viel über das Bedingtsein (conditioning) gesprochen und haben gesagt, daß man von dieser Fessel frei sein muß, sonst bleibt man immer engstirnig. Eine Aussage dieser Art scheint unerhört und unannehmbar! Die meisten Menschen sind zutiefst konditioniert, und sie hören diese Behauptung und schlagen die Hände über dem Kopf zusammen und laufen vor einer solchen übertriebenen Äußerung davon. Aber ich habe Sie ernst genommen – denn schließlich haben Sie Ihr Leben mehr oder weniger dieser Sache gewidmet, nicht als ein Hobby, sondern mit tiefem Ernst –, und darum würde ich gerne mit Ihnen darüber diskutieren, um zu sehen, inwieweit der Mensch sich von der Bedingtheit befreien kann. Ist es wirklich möglich und wenn, was bedeutet es? Ist es für mich möglich, der ich in einer Welt der Gewohnheiten, der Traditionen und der Billigung orthodoxer Begriffe hinsichtlich so vieler Dinge gelebt habe, ist es für mich wirklich möglich, dieses tiefverwurzelte Bedingtsein abzuschütteln? Was verstehen Sie genau genommen unter Bedingtsein, und was meinen Sie mit der Freiheit vom Bedingtsein?

Krishnamurti: Lassen Sie uns die erste Frage zuerst aufgreifen. Wir sind bedingt – physisch, nervlich, geistig – durch das Klima, in dem wir leben, durch die Nahrung, die wir essen, durch die Kultur, in der wir leben, durch unsere ganze soziale, religiöse und wirtschaftliche Umwelt, durch unsere Erfahrung, durch Erziehung und durch familiäre Bedrängnisse und Einflüsse. Das alles sind die Faktoren, die uns begrenzen. Unsere bewußten und unbewußten Reaktionen auf alle Herausforderungen unserer Umwelt – unsere intellektuellen, emotionellen, unsere äußeren und inneren –, sie alle sind bedingte Handlungen. Die Sprache ist Bedingtsein; jeder Gedanke ist die Auswirkung, die Reaktion des Bedingtseins.

Da wir von dieser Beschränkung wissen, erfinden wir eine göttliche Kraft, von der wir kindlich hoffen, daß sie uns aus diesem mechanischen Zustand hinausführen wird. Wir postulieren ihre Existenz entweder außerhalb von uns oder in uns – als den Atman, die Seele, das Himmelreich in uns, und wer weiß was sonst noch. An diese Glaubenssätze klammern wir uns verzweifelt und erkennen nicht, daß diese selbst ein Teil des bedingten Faktors sind, den sie erwartungsgemäß zerstören oder ablösen sollen. Da wir also nicht fähig sind, uns in dieser Welt von den Beschränkungen zu befreien und nicht einmal einsehen, daß das Bedingtsein *das* Problem ist, glauben wir, daß die Freiheit im Himmel, im Moksha, im Nirvana liege. Im christlichen Mythos von der Erbsünde und in der ganzen östlichen Doktrin des Samsara sieht man, daß der Faktor des Bedingtseins empfunden worden ist, obgleich ziemlich unklar. Wenn er klar gesehen worden wäre, würden diese Doktrinen und Mythen selbstverständlich nicht entstanden sein. Heutzutage versuchen auch die Psychologen dieses Problem in den Griff zu bekommen, und indem sie es tun, beschränken sie uns nur weiterhin. So haben uns die religiösen Spezialisten konditioniert, die soziale Ordnung hat es getan, und die Familie, die ein Teil davon ist, desgleichen. Das alles ist die Vergangenheit, die in den unverhüllten wie in den verborgenen Schichten des Geistes wirksam ist. Nebenbei bemerkt: es ist interessant, zur Kenntnis zu nehmen, daß das sogenannte Individuum überhaupt nicht existiert, denn sein Geist greift zurück auf das allgemeine Reservoir des Bedingtseins, das er mit jedem anderen teilt. Darum ist die Trennung zwischen Gemeinschaft und Individuum falsch: es gibt nur das Bedingtsein. Dieses Bedingtsein wirkt in allen Beziehungen – zu Dingen, Menschen und Ideen.

Frager: Was soll ich dann tun, um mich von dem allen zu befreien? In diesem mechanischen Zustand zu leben ist überhaupt kein Leben, und doch ist alles Tun, jeder Wille, jedes Urteil bedingt; so gibt es augenscheinlich nichts, was ich aus meinem Bedingtsein hinsichtlich dessen tun kann, was nicht bedingt ist! Ich bin an Händen und Füßen gefesselt.

Krishnamurti: Der eigentliche Faktor des Bedingtseins in der Vergangenheit, der Gegenwart und der Zukunft ist das «Ich», das in Begriffen der Zeit denkt, das «Ich», das sich anstrengt; und jetzt strengt es sich an in dem Verlangen frei zu sein. So ist die Wurzel allen Bedingtseins das Denken, das das «Ich» ist. Das «Ich» ist die eigentliche Substanz der Vergangenheit, das «Ich» ist Zeit, das «Ich» ist Leid – das «Ich» versucht, sich von sich selbst zu befreien, das «Ich» strengt sich an, es müht sich, etwas zu erreichen, zu verneinen, zu werden. Dieses Streben, etwas zu werden, ist Zeit, die Verwirrung und die Gier nach dem Mehr und dem Besseren in sich birgt. Das «Ich» sucht Sicherheit, und da es sie nicht findet, sucht es statt dessen den Himmel. Dieses «Ich», das sich mit etwas Größerem identifiziert in der Hoffnung, sich darin zu verlieren – sei es die Nation, das Ideal oder irgendein Gott –, ist der Faktor des Bedingtseins.

Frager: Sie haben mir alles weggenommen. Was bin ich ohne dieses «Ich»?

Krishnamurti: Wenn kein «Ich» da ist, sind Sie unbelastet, und das bedeutet, Sie sind nichts.

Frager: Kann das «Ich» enden ohne die Anstrengung des «Ich»?

Krishnamurti: Die Anstrengung etwas zu werden, ist die Reaktion, die Handlung des Bedingtseins.

Frager: Wie kann das «Ich» aufhören zu handeln?

Krishnamurti: Es kann nur aufhören, wenn Sie das Ganze sehen, alles was damit zusammenhängt. Wenn Sie es in der Handlung sehen, das heißt in Ihren Beziehungen, dann ist dieses Sehen das Ende des «Ich». Dieses Sehen ist nicht nur eine Handlung, die frei ist vom Bedingtsein, sondern es wirkt auch auf das Bedingtsein ein.

Frager: Wollen Sie damit sagen, daß das Gehirn, welches das Resultat einer gewaltigen Evolution mit unbegrenztem Bedingtsein ist, sich selbst befreien kann?

Krishnamurti: Das Gehirn ist das Resultat der Zeit; es ist darauf eingestellt, sich physisch zu schützen; wenn es aber versucht, sich psychisch zu schützen, dann beginnt das «Ich», und damit fängt unser ganzes Elend an. Diese Anstrengung, sich seelisch zu schützen, ist die Bejahung des «Ich». Das Gehirn kann lernen, kann technologisches Wissen erwerben, aber wenn es psychologisches Wissen erwirbt, dann behauptet sich dieses Wissen in seinen Beziehungen zur Umwelt als das «Ich» mit seinen Erfahrungen, seinem Willen und seiner Gewalttätigkeit. Dadurch entstehen Spaltung, Konflikt und Leid innerhalb der Beziehungen.

Frager: Kann dieses Gehirn still sein und nur dann funktionieren, wenn es technologisch arbeiten muß – nur funktionieren, wenn für das Handeln Wissen verlangt wird, wie zum Beispiel beim Lernen einer Sprache, beim Fahren eines Wagens oder Bauen eines Hauses?

Krishnamurti: Die Gefahr darin ist die Einteilung des Gehirns in das Psychologische und das Technische. Daraus entsteht ein Widerspruch, ein Bedingtsein, eine Theorie. Die wirkliche Frage lautet, ob das Gehirn in seiner Ganzheit still und ruhig sein kann und nur dann leistungsfähig reagiert, wenn es in der Technologie oder im Leben notwendig ist. So sind wir nicht mit dem Psychologischen oder Technologischen beschäftigt; wir fragen nur, ob dieser Geist in seiner Ganzheit völlig still sein kann und nur dann funktioniert, wenn er muß. Wir sagen, daß er das kann, und damit versteht man, was Meditation ist.

*

Frager: Wenn Sie gestatten, möchte ich gerne dort fortfahren, wo wir gestern aufhörten. Sie werden sich erinnern, daß ich zwei Fragen stellte. Ich fragte, was Bedingtsein ist und was Freiheit vom Bedingtsein ist, und Sie sagten, daß wir zunächst die erste Frage aufgreifen sollten. Wir hatten nicht die Zeit, um auf die zweite Frage einzugehen, darum würde ich heute gerne fragen, in welchem Zustand sich der Geist befindet, der von allen seinen Beschränkungen frei ist. Nachdem ich gestern mit Ihnen gesprochen hatte, wurde mir sehr klar, wie tief und stark ich begrenzt bin, und ich sah – wenigstens glaube ich, daß ich es sah – eine Lücke, einen Riß in dieser Struktur des Bedingtseins. Ich besprach die Angelegenheit mit einem Freund, und indem wir einige sachliche Beispiele des Bedingtseins aufgriffen, sah ich sehr klar, wie stark und schädlich unsere Handlungen dadurch beeinträchtigt werden. Wie Sie zum Schluß sagten, ist Meditation die Entleerung des Geistes von allem Bedingtsein, so daß es keine Verzerrung oder Illusion mehr gibt. Wie kann man von allen Verzerrungen, allen Illusionen frei sein? Was ist Illusion?

Krishnamurti: Es ist so leicht, sich selbst zu betrügen, so leicht, sich selbst von irgend etwas zu überzeugen. Das Gefühl, etwas *sein* zu müssen, ist der Anfang der Täuschung, und diese idealistische Haltung führt natürlich zu den verschiedensten Arten der Heuchelei. Wodurch entsteht Illusion? Nun, einer der Faktoren ist der ständige Vergleich zwischen dem was ist und dem was sein sollte oder was sein könnte, dieses Vergleichen zwischen dem Guten und dem Bösen ist das Denken, das versucht sich zu verfeinern, ist die Erinnerung an das Vergnügen mit dem Versuch, mehr Vergnügen zu erlangen und so fort. Dieser Wunsch nach mehr, diese Unzufriedenheit lassen uns irgend etwas annehmen oder an etwas glauben, und das muß unvermeidlich zu jeder Art von Täuschung und Illusion führen. Der Wunsch und die Furcht, Hoffnung und Verzweiflung sind es, die das zu erfahrende Ziel oder Resultat projizieren. Daher ist diese Erfahrung ohne Realität. Alle sogenannten religiösen Erfahrungen ergeben sich aus diesem Schema. Dieser Wunsch nach Erleuchtung muß auch die Anerkennung einer Autorität entstehen lassen, und das ist der Gegensatz zur Erleuchtung. Wunsch, Unzufriedenheit, Furcht, Vergnügen, der Wunsch nach mehr, der Wunsch sich zu verwandeln, was alles Wertungen sind – das sind die Wegbereiter der Illusion.

Frager: Haben Sie wirklich gar keine Illusion über irgend etwas?

Krishnamurti: Ich beurteile nicht ständig mich oder andere. Die Freiheit vom Bewerten entsteht, wenn Sie wirklich mit *dem* leben was ist – weder den Wunsch haben es zu ändern, noch es mit Begriffen von Gut und Böse zu beurteilen. Mit etwas zu leben heißt nicht, es anzuerkennen; es ist da, ob Sie es akzeptieren oder nicht. Mit etwas zu leben heißt auch nicht, sich damit zu identifizieren.

Frager: Können wir auf die Frage zurückkommen, was diese Freiheit ist, nach der man in Wirklichkeit verlangt? Dieser Wunsch nach Freiheit drückt sich in jedermann aus, manchmal auf die törichteste Art, aber ich glaube sagen zu können, daß im menschlichen Herzen immer dieses tiefe Verlangen nach Freiheit vorhanden ist, die niemals verwirklicht wird; immer ist da das unaufhörliche Streben, frei zu sein. Ich weiß, daß ich nicht frei bin; ich bin in so viele Wünsche verstrickt. Wie kann ich frei sein, und was bedeutet es, wirklich, echt frei zu sein?

Krishnamurti: Vielleicht mag uns das folgende zum Verständnis verhelfen: totale Verneinung ist diese Freiheit. Alles abzulehnen, was wir als positiv ansehen, die ganze soziale Moral zu verneinen, jede innere Anerkennung von Autorität zu verneinen, alles abzulehnen, was man über Realität gesagt oder gefolgert hat, alle Tradition, jede Lehre, jedes Wissen zu verneinen, ausgenommen das technologische, jede Erfahrung abzulehnen, jeden Anreiz zu verwerfen, der aus erinnerten oder vergessenen Genüssen stammt, jede Erfüllung zu verneinen, jede Verpflichtung abzulehnen, auf eine bestimmte Art zu handeln, alle Ideen, alle Prinzipien, alle Theorien zu verneinen. Eine solche Verneinung ist die positivste Handlung, daher ist sie Freiheit.

Frager: Wenn ich daran Stück für Stück herummeißele, werde ich ewig damit zu tun haben, und gerade das wird meine Fessel sein. Kann es alles blitzhaft dahinschwinden, kann ich die ganze menschliche Selbsttäuschung verneinen, alle die Werte und Bestrebungen und Maßstäbe – *augenblicklich?* Ist das wirklich möglich? Erfordert es nicht gewaltige Fähigkeit, deren ich ermangele, sehr großes Verstehen, das alles im Nu zu sehen und es unverhüllt dem Licht preiszugeben, jener Intelligenz, von der Sie gesprochen haben? Ich möchte wissen, ob Ihnen klar ist, was das zur Folge hat. Mich, einen Durchschnittsmenschen mit einer normalen Erziehung zu veranlassen, in etwas hineinzuspringen, das einem unvorstellbaren Nichts gleicht ... Kann ich das tun? Ich weiß nicht einmal, was dieser Sprung bedeutet! Ebenso könnten Sie mich bitten, ganz plötzlich das schönste, unschuldigste, liebenswerteste menschliche Wesen zu werden. Sie sehen, daß ich jetzt wirklich erschreckt bin, nicht in der Art, wie ich es vordem war. Ich werde jetzt mit etwas konfrontiert, von dem ich weiß, daß es wahr ist, und doch hindert mich meine völlige Unfähigkeit, es zu tun. Ich sehe die Schönheit, die darin liegt, wirklich ganz und gar nichts zu sein, aber . . .

Krishnamurti: Sehen Sie, nur wenn in uns Leere ist, nicht die Leerheit eines oberflächlichen Geistes, sondern die Leere, die sich einstellt mit der völligen Verneinung alles dessen, was man gewesen ist und sein sollte und sein möchte – nur in dieser Leere liegt Schöpfung, nur in dieser Leere kann etwas Neues entstehen. Furcht ist der Gedanke an das Unbekannte, darum fürchten Sie sich in Wirklichkeit davor, das Bekannte zu lassen, die Verhaftungen, das Genügehaben, die angenehmen Erinnerungen, die Stetigkeit und die Sicherheit, die Trost geben. Der Gedanke vergleicht es mit dem, was er für Leere hält. Diese Vorstellung der Leere ist Furcht, so ist Furcht Denken. Um auf Ihre Frage zurückzukommen: Kann der Mensch alles verneinen, was er gekannt hat, den ganzen Inhalt seines bewußten und unbewußten Selbst, welches seine eigene Substanz ist? Können Sie sich selbst vollkommen verneinen? Wenn nicht, dann gibt es keine Freiheit. Freiheit ist nicht Freiheit von etwas, das ist nur eine Reaktion. Freiheit stellt sich mit der totalen Verneinung ein.

Frager: Aber was ist an solcher Freiheit Gutes? Sie verlangen von mir zu sterben, nicht wahr?

Krishnamurti: Natürlich! Ich möchte wissen, wie Sie das Wort «gut» gebrauchen, wenn Sie fragen, was das Gute an dieser Freiheit ist? Gut in welcher Hinsicht? Hinsichtlich des Bekannten? Freiheit ist das absolut Gute, und ihre Handlung ist die Schönheit des alltäglichen Lebens. In dieser Freiheit allein ist Leben, und wie kann es ohne sie Liebe geben? Jegliches Ding existiert in dieser Freiheit und hat dort sein Wesen. Sie ist überall und nirgends. Sie hat keine Grenzen. Können Sie sich jetzt von jeglichem Ding, das Sie kennen, lösen und nicht auf morgen warten, um ihm zu ersterben? Diese Freiheit ist Ewigkeit und Ekstase und Liebe.

GLÜCK

Frager: Was ist Glück? Ich habe immer versucht es zu finden, aber irgendwie ist es mir nicht über den Weg gelaufen. Ich sehe Menschen, die sich auf so mannigfache Art erfreuen, und vieles was sie tun, erscheint so unreif und kindisch. Ich nehme an, daß sie auf ihre Art glücklich sind, aber ich verlange nach einem Glück anderer Art. Mir wurden ungewöhnliche Andeutungen zuteil, daß es möglich sein könnte, es zu erreichen, aber irgendwie hat es sich mir immer entzogen. Ich möchte wissen, was ich tun kann, um mich wirklich vollkommen glücklich zu fühlen.

Krishnamurti: Glauben Sie, daß das Glück ein Ziel an sich ist? Oder kommt es als cin sekundärer Zustand, wenn man einsichtsvoll lebt?

Frager: Ich glaube, daß es ein Ziel an sich ist, denn wenn das Glück da ist, dann wird alles was man tut harmonisch sein, dann wird man die Dinge anstrengungslos, leicht und ohne jede Spannung tun. Ich bin sicher, daß alles, was auch immer man aus diesem Glück heraus tut, richtig sein wird.

Krishnamurti: Aber ist das so? Ist das Glück ein Ziel an sich? Tugend ist kein Endzweck. Wenn das der Fall ist, dann wird sie etwas sehr Armseliges. Können Sie das Glück suchen? Wenn Sie es tun, dann werden Sie wahrscheinlich eine Imitation davon in Zerstreuungen aller Art und im Wohlleben finden. Das ist Genuß. Welche Beziehung besteht zwischen Genuß und Glück?

Frager: Ich habe mich das nie gefragt.

Krishnamurti: Der Genuß, nach dem wir trachten, wird irrtümlicherweise Glück genannt, aber können Sie dem Glück nachjagen, so wie Sie den Genuß suchen? Sicherlich müssen wir uns sehr klar über die Frage sein, ob Genuß Glück ist. Genuß ist Vergnügen, Befriedigung, Wohlsein, Unterhaltung, Anregung. Die meisten Menschen glauben, Genuß sei Glück, und den größten Genuß halten sie für das höchste Glück. Und ist Glück das Gegenteil von Unglück? Versuchen Sie glücklich zu sein, weil Sie unglücklich und unzufrieden sind? Hat Glück überhaupt einen Gegensatz? Hat Liebe einen Gegensatz? Fragen Sie nach dem Glück, weil Sie unglücklich sind?

Frager: Ich bin unglücklich wie die übrigen Menschen auch, und natürlich möchte ich es nicht sein, und das treibt mich dazu, das Glück zu suchen.

Krishnamurti: So ist das Glück für Sie das Gegenteil von Unglück. Wenn Sie glücklich wären, würden Sie nicht danach suchen. Von Bedeutung ist also nicht das Glück, sondern ob das Unglück aufhören kann. Das ist das wirkliche Problem, nicht wahr? Sie fragen nach dem Glück, weil Sie unglücklich sind, und Sie stellen die Frage ohne herauszufinden, ob das Glück der Gegensatz zum Unglück ist.

Frager: Wenn Sie es auf diese Art ausdrücken, akzeptiere ich es. Mein Anliegen ist also, wie ich von dem Elend, in dem ich mich befinde, frei sein kann.

Krishnamurti: Was ist wichtiger – das Unglück zu verstehen oder nach Glück zu trachten? Wenn Sie nach Glück trachten, wird das zu einer Flucht vor dem Unglück, und das Unglück wird daher immer bleiben, überdeckt vielleicht und verborgen, aber es ist immer da und nagt im Innern. Wie lautet nun Ihre Frage?

Frager: Meine Frage ist jetzt, warum ich so elend bin. Sie haben sehr treffend meinen wirklichen Zustand aufgezeigt, statt mir die gewünschte Antwort zu geben. So stehe ich jetzt der Frage gegenüber, wie ich das Elend, in dem ich mich befinde, los werden kann.

Krishnamurti: Kann eine äußere Kraft Ihnen helfen, Ihr Elend loszuwerden, ganz gleich, ob dieser äußere Vermittler Gott, ein Meister, eine Droge oder ein Erlöser ist? Oder kann man durch Intelligenz das Unglück seinem Wesen nach verstehen und augenblicklich damit fertig werden?

Frager: Ich bin zu Ihnen gekommen, weil ich dachte, Sie könnten mir helfen; so könnten Sie sich selbst einen äußeren Vermittler nennen. Ich wünsche Hilfe, und es kümmert mich nicht, wer sie mir gibt.

Krishnamurti: Hilfe anzunehmen oder sie zu geben schließt mehrere Dinge in sich. Wenn Sie sie blind annehmen, werden Sie in der Falle der einen oder anderen Autorität hängen bleiben, was verschiedene andere Probleme, wie Gehorsam und Furcht mit sich bringt. Wenn Sie nun davon ausgehen, daß Sie Hilfe brauchen, dann werden Sie nicht nur keine Hilfe erlangen – weil Ihnen niemand irgendwie helfen kann –, sondern zusätzlich kommt eine ganze Reihe neuer Probleme auf Sie zu; Sie stecken dann tiefer im Schlamm als je zuvor.

Frager: Ich glaube das zu verstehen und akzeptiere es. Ich habe es nie zuvor klar zu Ende gedacht. Wie aber kann ich die Intelligenz entwickeln, um mit dem Unglück selbst fertig zu werden – und zwar augenblicklich? Wenn ich diese Intelligenz besäße, wäre ich bestimmt nicht hier und würde Sie nicht bitten, mir zu helfen. So lautet meine Frage jetzt, kann ich diese Intelligenz erlangen, um das Problem des Unglücklichseins zu lösen und dadurch glücklich zu werden?

Krishnamurti: Sie behaupten, daß diese Intelligenz von ihrer Handlung getrennt ist. Die Handlung dieser Intelligenz liegt im Sehen und Verstehen des Problems. Diese beiden sind nicht getrennt und folgen nicht aufeinander. Sie erlangen nicht zuerst Intelligenz, um sie dann für das Problem wie ein Werkzeug zu gebrauchen. Es ist eine der Schwächen des Denkens, zu behaupten, daß man zuerst die Fähigkeit haben muß und sich dann ihrer bedient, zuerst die Idee oder das Prinzip und dann deren Anwendung. Darin zeigt sich der wahre Mangel an Intelligenz, und hier liegt der Ursprung der Probleme. Das ist Zersplitterung. Wir leben auf diese Art, und darum sprechen wir von Glück und Unglück, Haß und Liebe und so fort.

Frager: Vielleicht liegt das in der Struktur der Sprache.

Krishnamurti: Vielleicht ist es so, aber wir wollen davon nicht zuviel Aufhebens machen und vom Problem abschweifen. Wir sagen, daß Intelligenz und die Handlung dieser Intelligenz – die darin besteht, das Problem des Unglücklichseins klar zu sehen – eines sind und unteilbar und daß davon auch nicht getrennt ist, das Unglück zu beenden oder das Glück zu erlangen.

Frager: Wie kann ich diese Intelligenz erlangen?

Krishnamurti: Haben Sie verstanden, was wir gesagt haben?

Frager: Ja.

Krishnamurti: Aber wenn Sie verstanden haben, haben Sie eingesehen, daß dieses Sehen Intelligenz *ist.* Das einzige, das Sie tun können, ist, zu sehen. Sie können Intelligenz nicht züchten, um zu sehen. Sehen ist nicht die Kultivierung der Intelligenz. Sehen ist weit wichtiger als Intelligenz oder Glück oder Unglück. Es gibt nur Sehen oder Nicht-Sehen.

Alles übrige – Glück, Unglück und Intelligenz – sind bloße Worte.

Frager: Was bedeutet es dann, zu sehen?

Krishnamurti: Zu sehen bedeutet zu verstehen, wie das Denken die Gegensätze hervorruft. Was das Denken erschafft, ist nicht real. Zu sehen bedeutet, die Natur des Denkens, der Erinnerung, des Konflikts, der Ideen zu verstehen. Das alles als einen totalen Prozeß zu sehen, heißt zu verstehen. Das ist Intelligenz; umfassend zu sehen ist Intelligenz; bruchstückhaft zu sehen ist Mangel an Intelligenz.

Frager: Ich bin ein wenig verwirrt. Ich glaube zu verstehen, aber es ist ziemlich dürftig; ich muß langsam vorangehen. Was Sie sagen bedeutet, umfassend zu sehen und zu hören. Sie sagen, daß diese Achtsamkeit Intelligenz ist, und Sie sagen, daß sie unmittelbar sein muß. Man kann nur *jetzt* sehen. Ich möchte wissen, ob ich wirklich jetzt sehe, oder gehe ich nach Hause, um über das, was Sie gesagt haben, nachzudenken in der Hoffnung, später zu sehen?

Krishnamurti: Dann werden Sie niemals sehen. Wenn Sie darüber nachdenken, werden Sie es niemals sehen, weil Denken das Sehen verhindert. Wir beide haben verstanden, was es bedeutet zu sehen. Dieses Sehen ist keine Essenz oder eine Abstraktion oder eine Idee. Sie können nicht sehen, wenn es nichts zu sehen gibt. Jetzt haben Sie das Problem des Unglücklichseins. Sehen Sie es umfassend, einschließlich Ihres Wunsches, glücklich zu sein und wie das Denken den Gegensatz schafft. Sehen Sie das Verlangen nach Glück und das Suchen nach Hilfe, um das Glück zu erlangen. Sehen Sie die Enttäuschung, die Hoffnung, die Furcht. Alles das muß umfassend als ein Ganzes gesehen werden, nicht getrennt. Sehen Sie das alles *jetzt,* schenken Sie dem Ihre ganze Aufmerksamkeit.

Frager: Ich bin weiterhin verwirrt. Ich weiß nicht, ob ich das Wesentliche davon mitbekommen habe, den Kern der Sache. Ich möchte meine Augen schließen und in mich versinken, um zu sehen, ob ich das wirklich verstanden habe. Wenn ich es verstanden habe, dann habe ich mein Problem gelöst.

LERNEN

Frager: Sie haben oft über das Lernen gesprochen. Ich weiß nicht recht, was Sie damit meinen. Uns wurde in der Schule und auf der Universität das Lernen beigebracht, und auch das Leben lehrt uns viele Dinge – uns der Umwelt und unseren Nachbarn, unserer Ehefrau oder unserem Ehemann, unseren Kindern anzupassen. Wir scheinen fast von allem zu lernen, aber ich bin sicher, daß dieses Lernen nicht ganz das ist, was Sie meinen, wenn Sie über das Lernen sprechen, denn Sie scheinen auch als Lehrer die Erfahrung zu verneinen. Aber wenn Sie Erfahrung ablehnen, verwerfen Sie damit nicht alles Lernen? Schließlich lernen wir das, was wir wissen, durch Erfahrung, sowohl in der Technologie wie im menschlichen Alltagsleben. Könnten wir also auf diese Frage eingehen?

Krishnamurti: Lernen durch Erfahrung ist *eine* Sache – es ist die Anhäufung von Beschränkungen –, und jederzeit zu lernen, nicht nur hinsichtlich der objektiven Dinge, sondern auch über sich selbst, ist etwas ganz anderes. Da ist die Anhäufung, die ein Bedingtsein entstehen läßt – das kennen wir –, und da ist das Lernen, über das wir sprechen. Dieses Lernen ist Beobachten – zu beobachten ohne anzuhäufen, zu beobachten in Freiheit. Diese Beobachtung wird nicht von der Vergangenheit gelenkt. Wir wollen diese beiden Dinge nicht durcheinanderbringen.

Was lernen wir durch Erfahrung? Wir lernen Dinge wie Sprachen, Landwirtschaft, Umgangsformen, Aufsteigen zum Mond, Medizin, Mathematik. Aber haben wir dadurch, daß wir Kriege führen, etwas über den Krieg gelernt? Wir haben gelernt, den Krieg tödlicher zu machen, wirkungsvoller, aber wir haben nicht gelernt, *keine* Kriege mehr zu führen. Unsere Erfahrung in der Kriegsführung gefährdet das Überleben der menschlichen Rasse. Ist das Lernen? Sie mögen ein besseres Haus bauen, aber hat Erfahrung Sie gelehrt, wie Sie darin schöner leben können? Wir haben durch Erfahrung gelernt, daß Feuer brennt, und das hat uns konditioniert, aber wir haben durch Konditionierung auch gelernt, daß der Nationalismus gut ist. Doch sollte uns Erfahrung auch lehren, daß Nationalismus tödlich ist. Alle Beweise dafür liegen vor. Die religiöse Erfahrung, da sie auf unserer Voreingenommenheit beruht, hat den Menschen vom Menschen getrennt. Erfahrung hat uns gelehrt, bessere Nahrung, Kleidung und besseres Obdach zu haben, aber sie hat uns nicht gelehrt, daß soziale Ungerechtigkeit die rechte Beziehung zwischen Mensch und Mensch verhindert. So bedingt und verstärkt Erfahrung unsere Vorurteile, unsere persönlichen Neigungen und unsere besonderen Dogmen und Überzeugungen. Wir lernen nicht, welch ein stumpfsinniger Nonsens das alles ist; wir lernen nicht, in der rechten Beziehung zu anderen Menschen zu leben. Diese rechte Beziehung ist Liebe. Erfahrung lehrt mich, die Familie als eine Einheit gegenüber der Gesellschaft und anderen Familien zu stärken. Das erzeugt Kampf und Trennung, wodurch es immer wichtiger wird, die Familie schützend zu stärken, und so setzt sich der Teufelskreis fort. Wir häufen an und nennen das «Lernen durch Erfahrung», aber mehr und mehr bringt dieses Lernen Zersplitterung, Enge und Spezialisierung hervor.

Frager: Bringen Sie damit Argumente gegen technologisches Lernen und Erfahren vor, gegen die Wissenschaft und alles angesammelte Wissen? Wenn wir das alles aufgeben, werden wir zur Unzivilisiertheit zurückkehren.

Krishnamurti: Nein, ich bringe durchaus kein solches Argument vor. Ich glaube, wir mißverstehen einander. Wir sagten, daß es zwei Arten des Lernens gibt: Anhäufung durch Erfahrung und Handlung aus dieser Anhäufung, die Vergangenheit ist und die absolut notwendig ist, wo immer in der Handlung Wissen erforderlich ist. Dagegen sind wir nicht; das wäre zu absurd!

Frager: Gandhi versuchte die Maschine aus dem Leben auszuschalten und startete seine ganze Aktion mit dem, was man in Indien Heimarbeit nennt. Doch benutzte er modern mechanisierte Transportmittel. Das zeigt die Inkonsequenz und die Heuchelei seiner Position.

Krishnamurti: Lassen wir andere Leute aus dem Spiel. Wir sagen, daß es zwei Arten des Lernens gibt – eine, die aus der Anhäufung des Wissens und der Erfahrung handelt und die andere, die ohne Anhäufung lernt, die aber ständig in jeder Situation des Lebens lernt. Die erstere ist in allen technischen Dingen absolut notwendig, aber unsere Beziehungen, unsere Lebenshaltung sind nichts Technisches, sie sind etwas Lebendiges, und Sie müssen darüber jederzeit lernen. Wenn Sie von dem aus handeln, was Sie über Lebensart gelernt haben, dann wird es mechanisch, und dadurch werden die Beziehungen zur Routine.

Dann ist da ein anderer wichtiger Punkt: In allem Lernen, das Anhäufung und Erfahrung ist, ist der Profit das Kriterium, das den Nutzeffekt des Lernens bestimmt. Und wenn es in den menschlichen Beziehungen auf den Profit ankommt, dann zerstört dieses Motiv die Beziehungen, weil es Isolierung und Trennung erzeugt. Wenn das Lernen aus Erfahrung und Anhäufung in die Sphäre des menschlichen Verhaltens eindringt, in den psychologischen Bereich, dann muß es unvermeidlich zerstören. Ichbezogenes Interesse führt einerseits zum Fortschritt, andererseits aber ist es der eigentliche Sitz des Unglücks, des Elends und der Verwirrung. Beziehungen können nicht gedeihen, wo Eigennutz irgendwelcher Art vorhanden ist, und darum können Beziehungen dort nicht gedeihen, wo sie durch Erfahrung oder Erinnerung bestimmt werden.

Frager: Ich erkenne das, aber ist nicht religiöse Erfahrung etwas anderes? Ich spreche von der Erfahrung, die in religiösen Dingen gesammelt und weitergegeben wird – die Erfahrungen der Heiligen und Gurus, die Erfahrungen der Philosophen. Ist nicht diese Art der Erfahrung für uns Unwissende segensvoll?

Krishnamurti: Durchaus nicht! Der Heilige muß durch die Gesellschaft anerkannt werden und paßt sich immer den Vorstellungen der Gesellschaft über Heiligkeit an – sonst würde er nicht ein Heiliger genannt werden. Ebenso muß der Guru als solcher durch seine Gefolgschaft, die durch Tradition gebunden ist, anerkannt werden. So sind sowohl der Guru wie auch der Schüler Teil der kulturellen und religiösen Voreingenommenheit der Gesellschaft, in der sie leben. Wenn sie behaupten, daß sie mit der Realität in Berührung gekommen sind, daß sie wissen, dann können Sie ganz sicher sein, daß das, was sie wissen, nicht die Realität ist. Was sie wissen, ist ihre eigene Projektion aus der Vergangenheit. Der Mensch, der sagt, er weiß, weiß nicht. Zu allen sogenannten religiösen Erfahrungen gehört unzertrennlich ein Prozeß des Wiedererkennens. Sie können nur etwas wiedererkennen, das Sie zuvor gekannt haben, daher gehört es der Vergangenheit an, daher ist es zeitbindend und nicht zeitlos. Sogenannte religiöse Erfahrung bringt keinen Segen, sondern bindet Sie nur entsprechend Ihrer persönlichen Tradition, Vorliebe, Neigung und Begierde und verstärkt daher jede Art von Illusion und Isolierung.

Frager: Wollen Sie damit sagen, daß man die Realität nicht erfahren kann?

Krishnamurti: Etwas zu erfahren schließt in sich, daß ein Erfahrender da sein muß, und der Erfahrende ist der Kern allen Bedingtseins. Was er erfährt, ist das bereits Bekannte.

Frager: Was meinen Sie, wenn Sie über den Erfahrenden sprechen? Wenn kein Erfahrender vorhanden ist, meinen Sie, daß man dann verschwindet?

Krishnamurti: Natürlich. Das «Du» ist die Vergangenheit, und solange das «Du» bleibt oder das «Ich» bleibt, kann das, was unermeßlich ist, nicht sein. Das «Ich» mit seinem oberflächlichen kleinen Geist, seiner Erfahrung und seinem Wissen, seinem Herzen, das mit Eifersüchteleien und Ängsten geladen ist – wie kann ein solches Wesen das verstehen, was keinen Anfang und kein Ende hat, das, was Ekstase ist? So ist der Anfang der Weisheit, sich selbst zu verstehen. Beginnen Sie, sich selbst zu verstehen.

Frager: Ist der Erfahrende unterschieden von dem, was er erfährt, ist die Herausforderung unterschieden von der Reaktion auf die Herausforderung?

Krishnamurti: Der Erfahrende *ist* das Erfahrene, sonst könnte er nicht die Erfahrung wiedererkennen und würde sie nicht eine Erfahrung nennen. Die Erfahrung ist bereits in ihm, bevor er sie erkennt. So ist die Vergangenheit immer wirksam und sich selbst erkennend; das Neue wird vom Alten verschlungen. Gleicherweise ist es die Reaktion, die die Herausforderung bestimmt; die Herausforderung ist die Reaktion, die beiden sind nicht getrennt; ohne eine Reaktion würde es keine Herausforderung geben. So sind die Erfahrung eines Erfahrenden oder die Reaktion auf eine Herausforderung, die von dem Erfahrenden kommt, alt, denn sie werden durch den Erfahrenden bestimmt. Wenn Sie darüber nachdenken, bedeutet das Wort «Erfahrung», durch etwas hindurchzugehen und damit fertig zu sein und es nicht aufzuspeichern, aber wenn wir über Erfahrung sprechen, meinen wir tatsächlich das Gegenteil. Immer wenn Sie von Erfahrung sprechen, sprechen Sie von etwas Gespeichertem, von dem aus die Handlung geschieht. Sie sprechen von etwas, woran Sie sich erfreut haben und wonach Sie wieder verlangen, oder Sie mochten etwas nicht und fürchten seine Wiederholung.

Wirklich zu leben heißt zu lernen ohne den anhäufenden Prozeß.

SELBST-DARSTELLUNG

Frager: Sich zum Ausdruck zu bringen, scheint mir äußerst wichtig zu sein. Ich muß mich als Künstler darstellen, sonst fühle ich mich schwer frustriert und glaube ersticken zu müssen. Darstellung ist Teil unserer Existenz. Als Künstler ist es ebenso natürlich, sich dem hinzugeben wie bei einem Mann, der seine Liebe für eine Frau in Worten und Gesten zum Ausdruck bringt. Aber in diesem Tun liegt immer ein gewisser Schmerz, den ich nicht ganz verstehe. Ich glaube, daß die meisten Künstler mit mir darin übereinstimmen würden, daß in der Darstellung unserer tiefsten Gefühle auf der Leinwand oder in einem anderen Medium ein tiefer Konflikt liegt. Ich möchte wissen, ob man jemals von diesem Schmerz frei sein kann, oder bringt dic Darstellung immer Schmerz mit sich?

Krishnamurti: Worin besteht die Notwendigkeit, sich darzustellen, und wo tritt das Leid da hinzu? Versucht man nicht stets, sich immer eindringlicher, übertriebener, vollkommener auszudrücken, und ist man jeweils von dem befriedigt, was man zum Ausdruck gebracht hat? Das tiefe Gefühl und seine Darstellung sind nicht dasselbe; es gibt einen großen Unterschied zwischen den beiden, und es gibt immer Frustration, wenn die Darstellung nicht dem starken Gefühl entspricht. Wahrscheinlich ist das eine der Ursachen des Schmerzes, diese Unzufriedenheit mit der Unzulänglichkeit der Aussage, die der Künstler seinem Gefühl gibt. Darin liegt Konflikt, und Konflikt ist Energieverschwendung. Der Künstler hat ein starkes Gefühl, das ziemlich echt ist; er bringt es auf der Leinwand zum Ausdruck. Diese Ausdrucksform gefällt einigen Leuten, und sie kaufen sein Werk; er bekommt Geld dafür und gewinnt Ansehen. Seine Darstellungsform ist beachtet worden und wird modern. Er verfeinert sie, führt sie weiter aus, entwickelt sie und imitiert sich ständig selbst. Diese Ausdrucksform wird zur Gewohnheit und wird stilisiert; die Form wird immer wichtiger und schließlich wichtiger als das Gefühl; das Gefühl verschwindet letztendlich. Durch den Marktplatz der Salons und Galerien, der Kunstkenner und Kritiker wird der Künstler Sklave der Gesellschaft, für die er malt. Das Gefühl ist seit langem verschwunden, die Ausdrucksform ist als leere Hülle übrig geblieben. In der Folge verliert selbst diese Ausdrucksform schließlich ihre Anziehungskraft, weil sie nichts auszusagen hat; sie ist eine Geste, ein Wort ohne Bedeutung. Das ist Teil des destruktiven Prozesses der Gesellschaft. Das ist die Zerstörung des Guten.

Frager: Kann nicht das Gefühl bleiben, ohne daß es in der Gestaltung verloren geht?

Krishnamurti: Wenn der Ausdruck zum Wichtigsten wird, weil es angenehm, befriedigend oder nutzbringend ist, dann besteht ein Zwiespalt zwischen Ausdruck und Gefühl. Wenn Gefühl und Darstellung sich decken, dann entsteht kein Konflikt, weil es darin keinen Widerspruch gibt. Wenn sich jedoch Nutzeffekt und Denken einmischen, dann geht dieses Gefühl durch die Gier verloren. Die Leidenschaft des Gefühls ist von der Leidenschaft des Ausdrucks gänzlich verschieden, und die meisten Menschen sind eingefangen in die Leidenschaft der Gestaltung. So besteht immer diese Trennung zwischen dem Guten und dem Angenehmen.

Frager: Kann ich leben, ohne in diesen Strom der Gier verstrickt zu sein?

Krishnamurti: Wenn das Gefühl wichtig ist, werden Sie niemals nach dem Ausdruck fragen. Entweder Sie haben das Gefühl oder Sie haben es nicht. Wenn Sie nach der Darstellung fragen, dann fragen Sie nicht nach dem Künstlertum, sondern nach dem Profit. Auf das Künstlertum kommt es niemals an, sondern auf die Lebensführung.

Frager: Was bedeutet es also, zu leben? Was bedeutet es, zu sein und dieses Gefühl zu haben, das in sich vollkommen ist? Ich habe jetzt verstanden, daß die Ausdrucksform nicht das Wesentliche ist.

Krishnamurti: Es bedeutet, ohne Konflikt zu leben.

LEIDENSCHAFT

Frager: Was ist Leidenschaft? Sie haben darüber gesprochen und offensichtlich geben Sie ihr eine besondere Bedeutung. Ich glaube nicht, diese Bedeutung zu kennen. Wie jedermann habe ich sexuelle Leidenschaft und Leidenschaften für oberflächliche Dinge, wie schnelles Fahren oder einen schönen Garten zu pflegen. Die meisten Menschen geben sich irgendeinem passionierten Tun hin. Spricht man zu einem Menschen über seine besondere Leidenschaft, kann man sehen, wie seine Augen aufleuchten. Wir wissen, daß das Wort Leidenschaft von dem griechischen Wort Leiden kommt, aber das Gefühl, das Sie mir mit diesem Wort vermitteln, hat nichts mit Leiden zu tun, sondern vielmehr mit einer treibenden Kraft gleich der des Windes, der tosend aus dem Westen kommt und die Wolken und den Kehricht vor sich herjagt. Ich würde gerne diese Leidenschaft besitzen. Wie gelangt man dazu? Worauf bezieht sie sich? Was *ist* die Leidenschaft, die Sie meinen?

Krishnamurti: Ich meine, wir sollten uns klar darüber sein, daß Lust und Leidenschaft zwei verschiedene Dinge sind. Lust wird durch das Denken wach gehalten, durch das Denken angetrieben, sie wächst und sammelt im Denken Substanz, bis sie explodiert – sexuell oder wenn sie das Verlangen nach Macht ist, in ihren eigenen gewalttätigen Formen der Erfüllung. Leidenschaft ist etwas völlig anderes; sie ist nicht das Produkt des Denkens, noch die Erinnerung an vergangenes Geschehen; sie wird nicht durch irgendein Motiv der Erfüllung angetrieben; sie ist auch kein Leid.

Frager: Ist alle sexuelle Leidenschaft Lust? Sexuelle Reaktion ist nicht immer das Resultat des Denkens; es kann auch Kontakt sein, wenn man z. B. plötzlich jemandem begegnet, von dessen Lieblichkeit man überwältigt wird.

Krishnamurti: Wo auch immer das Denken die Vorstellung des Genusses aufbaut, muß es unvermeidlich Lust sein und nicht die Freiheit der Leidenschaft. Wenn Genuß der Hauptantrieb ist, dann ist es Lust. Wenn sexuelles Gefühl aus dem Genuß geboren wird, ist es Lust. Wenn es aus der Liebe geboren wird, ist es nicht Lust, selbst wenn damit großes Entzücken verbunden sein mag. Hierüber müssen wir uns klar sein und selbst herausfinden, ob die Liebe Genuß und Freude ausschließt. Wenn Sie eine Wolke sehen und sich an ihrer Weite und dem Glanz darauf erfreuen, ist natürlich Genuß vorhanden, aber es geht noch weit über den Genuß hinaus. Wir verdammen das durchaus nicht. Wenn Sie zu der Wolke in Gedanken oder tatsächlich zurückkehren, um sich stimulieren zu lassen, dann schwelgen Sie in einer phantasievollen Vorstellung, und offensichtlich sind hierbei Genuß und Denken die Akteure. Als Sie zuerst auf die Wolke schauten und ihre Schönheit sahen, da war nicht der Genuß der Antrieb. Die Schönheit im Sexuellen ist die Abwesenheit des Ich, des Ego, aber im Denken daran behauptet sich dieses Ego, und das ist der Genuß. Entweder sucht dieses Ego jederzeit den Genuß, oder es weicht dem Schmerz aus, wünscht Erfüllung und fordert dadurch Frustration heraus. In diesem allen wird das Gefühl der Leidenschaft vom Denken in Gang gehalten und weiter verfolgt, und daher ist es nicht länger Leidenschaft, sondern Genuß. Das Trachten nach vergangener Leidenschaft und die Hoffnung darauf ist Genuß.

Frager: Was ist dann Leidenschaft an sich?

Krishnamurti: Sie hat mit Freude und Ekstase zu tun, die nicht Genuß sind. Im Genuß liegt immer eine feine Form der Anstrengung – ein Suchen, Streben, Fordern, Kämpfen, um es zu erlangen, es zu halten. In der Leidenschaft gibt es kein Fordern und daher keinen Kampf. In der Leidenschaft gibt es nicht den flüchtigsten Schatten der Erfüllung, daher kann es da weder Frustration noch Schmerz geben. Leidenschaft ist die Freiheit von dem «Ich», das das Zentrum aller Erfüllung und aller Schmerzen ist. Leidenschaft fordert nicht, weil sie *ist,* und ich spreche nicht von etwas Statischem. Leidenschaft ist die Strenge der Selbstverleugnung, in der es das «Du» und das «Ich» nicht gibt. Daher ist Leidenschaft die Substanz des Lebens. Sie ist voller Bewegung und Leben. Aber wenn das Denken die ganzen Probleme des Habens und Haltens hineinbringt, dann hört Leidenschaft auf. Ohne Leidenschaft ist Schöpfung nicht möglich.

Frager: Was meinen Sie mit Schöpfung?

Krishnamurti: Freiheit.

Frager: Welche Freiheit?

Krishnamurti: Freiheit vom «Ich», das von der Umwelt abhängig und ihr Produkt ist – das «Ich», das durch die Gesellschaft und das Denken zusammengesetzt wird. Diese Freiheit ist Klarheit, ist das Licht, das nicht von der Vergangenheit entzündet wird. Leidenschaft ist nur Gegenwart.

Frager: Das hat in mir ein seltsames, neues Gefühl entzündet.

Krishnamurti: Das ist die Leidenschaft des Lernens.

Frager: Welche besondere Handlung in meinem täglichen Leben wird Gewähr dafür bieten, daß diese Leidenschaft brennt und wirkt?

Krishnamurti: Nichts wird Gewähr dafür bieten, ausgenommen die Achtsamkeit des Lernens, die Handlung ist, die jetzt ist. Darin liegt die Schönheit der Leidenschaft, die die völlige Preisgabe des «Ich» und der Zeit ist.

ORDNUNG

Frager: Ihre Lehre enthält unzählige Einzelheiten. In meinem Leben muß ich fähig sein, sie alle jetzt in eine Handlung einzubeziehen, die alles durchdringt, was ich tue, weil ich in meinem Leben nur den einen, den unmittelbar vor mir liegenden Augenblick habe, in dem es zu handeln gilt. Was ist diese eine Handlung im täglichen Leben, die alle Einzelheiten Ihrer Lehre in einem Punkt zusammenfaßt, gleich einer Pyramide, die auf ihrer Spitze steht?

Krishnamurti: . . . gefährlich!

Frager: Oder um es anders auszudrücken: Welches ist die eine Handlung, die die totale Intelligenz des Lebens in einem Augenblick der Gegenwart in den Brennpunkt rücken wird?

Krishnamurti: Ich glaube, die zu stellende Frage ist, wie man ein wirklich intelligentes, ausgeglichenes, aktives Leben führen kann, in harmonischer Beziehung zu anderen Menschen, ohne Verwirrung, Anpassung und Trübsal. Welches ist die eine Handlung, die diese Intelligenz herbeiruft, um in allem zu wirken, was Sie auch immer tun? Es gibt so viel Elend, Armut und Leid in der Welt. Was sollen Sie als Mensch tun, wenn Sie all den menschlichen Problemen gegenüberstehen? Wenn Sie die Gelegenheit benutzen, um anderen Ihrer eigenen Befriedigung willen zu helfen, dann ist es Ausbeutung und bringt Unglück. So können wir das von Anfang an beiseite lassen. Die Frage ist in Wirklichkeit, wie wir ein höchst intelligentes, geordnetes Leben ohne jede Anstrengung führen können. Es scheint so, daß wir dieses Problem immer von außen angehen, indem wir dabei fragen: «Was soll ich tun, konfrontiert mit den vielen Problemen der Menschheit, den wirtschaftlichen, sozialen, menschlichen?». Das möchten wir mit äußeren Mitteln zustandebringen.

Frager: Nein, ich frage Sie nicht, wie ich die Probleme der Welt, die wirtschaftlichen, sozialen oder politischen anpacken oder lösen kann. Das wäre zu absurd! Alles was ich wissen möchte, ist, wie ich in dieser Welt, genauso wie sie ist, rechtschaffen leben kann, denn sie ist so, wie sie jetzt ist, genau hier vor mir, und ich kann sie nicht in irgendeine andere Form zwingen. Ich muß jetzt in dieser Welt, so wie sie ist, leben und innerhalb dieser Gegebenheiten alle Probleme des Lebens lösen. Ich frage mich, wie aus diesem Leben ein Leben des Dharma gemacht werden kann, das jene Tugend ist, die nicht von außen auferlegt wird, die sich keiner Regel angleicht und die nicht durch irgendeinen Gedanken gezüchtet wird.

Krishnamurti: Meinen Sie, Sie möchten sich unmittelbar, plötzlich in einem Zustand der Gnade befinden, der großen Intelligenz, der Unschuld und Liebe – in diesem Zustand sein, ohne eine Vergangenheit oder Zukunft zu haben, und von diesem Zustand aus handeln?

Frager: Ja! Das genau ist es.

Krishnamurti: Das hat nichts mit Erreichen, Erfolg oder Mißerfolg zu tun. Es kann sicherlich nur eine Art zu leben geben; welche ist es?

Frager: Das ist meine Frage.

Krishnamurti: In sich dieses Licht zu haben, das keinen Anfang und kein Ende hat, das nicht durch Ihren Wunsch entzündet wird, das nicht das Ihre ist oder das eines anderen. Wenn dieses innere Licht da ist, wird alles was Sie tun, immer richtig und wahr sein.

Frager: Wie erlangt man dieses Licht *jetzt,* ohne den Kampf, das Suchen, das Sehnen, das Fragen?

Krishnamurti: Es ist nur möglich, wenn Sie wirklich der Vergangenheit vollkommen ersterben, und das kann nur geschenen, wenn im Gehirn völlige Ordnung herrscht. Das Gehirn kann keine Unordnung ertragen. Wenn Unordnung herrscht, wird sein ganzes Tun widerspruchsvoll, verwirrt, armselig sein und wird in sich und um sich Unglück stiften. Diese Ordnung ist kein Denkmuster, keine Unterwerfung unter ein Prinzip, eine Autorität oder irgendeine eingebildete Gottheit. Unordnung im Gehirn bringt Konflikt hervor; dann erheben sich verschiedenartige Widerstände, die das Denken entwickelt, um dieser Unordnung zu entrinnen – religiös oder sonstwie.

Frager: Wie kann diese Ordnung einem Gehirn beigebracht werden, das unordentlich und in sich widerspruchsvoll ist?

Krishnamurti: Es kann durch Wachsamkeit während des ganzen Tages geschehen, und wenn man dann vor dem Einschlafen alles was man während des Tages getan hat, in Ordnung bringt. Auf diese Art schläft das Gehirn nicht in Unordnung ein. Das bedeutet nicht, daß sich das Gehirn in einen Zustand der Ordnung hineinhypnotisiert, wenn in Wirklichkeit innen wie außen Unordnung herrscht. Es muß während des Tages Ordnung herrschen, und die Zusammenfassung dieser Ordnung vor dem Einschlafen ist die harmonische Beendigung des Tages. Es ist wie bei einem Menschen, der Buch führt und das Konto an jedem Abend richtig ausgleicht, so daß er den nächsten Tag frisch beginnen kann, und wenn er schlafen geht, ist sein Geist ruhig und unbelastet, nicht sorgenvoll, nicht verwirrt, nicht unruhig oder ängstlich. Wenn er aufwacht, ist dieses Licht da, das nicht das Produkt des Denkens oder des Genusses ist. Dieses Licht ist Intelligenz und Liebe. Es ist die Verneinung der Unordnung, jener Moral, in der wir aufgewachsen sind.

Frager: Kann ich dieses Licht augenblicklich haben? Das ist die Frage, die ich gleich zu Anfang stellte, nur drückte ich es anders aus.

Krishnamurti: Sie können es augenblicklich haben, wenn das «Ich» nicht da ist. Das «Ich» kommt zu einem Ende, wenn es einsieht, daß es enden muß. Das Sehen ist das Licht des Verstehens.

DER EINZELNE UND DIE GEMEINSCHAFT

Frager: Ich weiß nicht recht, wie ich meine Frage formulieren soll, aber ich habe die feste Überzeugung, daß die Beziehung zwischen dem Einzelnen und der Gemeinschaft, diesen beiden gegensätzlichen Gebilden, eine lange Geschichte des Unglücks gewesen ist. Die Entwicklungsgeschichte der Welt, des Denkens, der Zivilisation ist im Grunde genommen die Geschichte der Beziehungen zwischen diesen beiden gegensätzlichen Gebilden. In allen Gesellschaften wird der einzelne mehr oder weniger unterdrückt; er muß sich anpassen und der Schablone einfügen, die die Theoretiker festgelegt haben. Der einzelne versucht immer, aus diesen Schablonen auszubrechen, und das Resultat ist ein ständiger Kampf zwischen den beiden. Die Religionen sagen, die individuelle Seele sei etwas, das von der kollektiven Seele getrennt ist. Sie heben das Individuum hervor. In der modernen Gesellschaft, die in ihren Handlungen so mechanisch, genormt und kollektiv ist, versucht das Individuum sich zu identifizieren, sich zu erforschen, sich zur Geltung zu bringen. Diese Kämpfe führen nirgendwohin. Meine Frage ist, was an all dem falsch ist?

Krishnamurti: Das einzige, worauf es im Leben wirklich ankommt, ist ein Handeln aus Güte, Liebe und Intelligenz. Ist Güte individuell oder kollektiv, ist Liebe persönlich oder unpersönlich, ist Intelligenz die Ihre, die meine oder die eines anderen? Wenn sie die Ihre oder die meine ist, dann ist sie weder Intelligenz noch Liebe oder Güte. Wenn Güte eine Sache des Individuums oder des Kollektivs ist, gemäß unserer persönlichen Neigung oder Entscheidung, dann ist sie nicht mehr Güte. Güte liegt nicht im Hinterhof des Individuums, noch im offenen Bereich des Kollektivs; Güte gedeiht nur in der Freiheit von beiden. Wenn Güte, Liebe und Intelligenz da sind, dann ist Handeln keine Sache des einzelnen oder des Kollektivs. In Ermangelung der Güte teilen wir die Welt in das Individuelle und das Kollektive ein und unterteilen weiterhin das Kollektive in unzählige Gruppen – nach Religion, Nationalität und Klassen. Nachdem wir diese Einteilungen gemacht haben, versuchen wir sie zu überbrükken, indem wir neue Gruppen bilden, die wiederum von anderen Gruppen getrennt sind. Wir sehen, daß jede große Religion angeblich existiert, um die Bruderschaft der Menschen herbeizuführen, sie in Wahrheit aber verhindert. Wir versuchen immer, das, was bereits korrupt ist, zu reformieren. Wir entwurzeln die Korruption nicht grundlegend, sondern ordnen sie nur um.

Frager: Wollen Sie sagen, daß wir keine Zeit zu verschwenden brauchen mit diesen endlosen Abmachungen zwischen dem Individuum und dem Kollektiv oder mit dem Versuch, zu beweisen, daß sie verschieden oder daß sie gleichartig sind? Wollen Sie sagen, daß es nur auf Güte, Liebe und Intelligenz ankommt und daß diese jenseits des Individuellen und des Kollektiven liegen?

Krishnamurti: Ja.

Frager: So scheint die wirkliche Frage zu lauten, wie Liebe, Güte und Intelligenz im täglichen Leben aktiv sein können.

Krishnamurti: Wenn diese handeln, dann ist die Frage des Individuellen und des Kollektiven akademisch.

Frager: Wie sollen sie handeln?

Krishnamurti: Sie können nur in Beziehung handeln: alles existiert in Beziehung. So kommt es zuerst darauf an, seine eigene Beziehung zu allem und jedem wahrzunehmen und zu sehen, wie in dieser Beziehung das «Ich» entsteht und handelt. Dieses «Ich» ist sowohl das Kollektive wie das Individuelle. Es ist das «Ich», das trennt; es ist das «Ich», das kollektiv oder individuell handelt, das «Ich», das Himmel und Hölle schafft. Dessen gewahr zu sein heißt, es zu verstehen. Es zu verstehen bedeutet, es zu beenden. Dieses Enden ist Güte, Liebe und Intelligenz.

MEDITATION UND ENERGIE

Frager: An diesem Morgen würde ich gerne in die tiefere Bedeutung oder den tieferen Sinn der Meditation eindringen. Ich habe viele ihrer Formen praktiziert, einschließlich ein wenig Zen. Es gibt verschiedene Schulen, die Bewußtheit lehren, aber sie scheinen alle ziemlich oberflächlich zu sein; können wir das alles beiseite lassen und tiefer darin eindringen?

Krishnamurti: Wir müssen auch die Autorität in ihrer ganzen Bedeutung beiseite tun, weil in der Meditation jede Form der Autorität, sei es die eigene oder die eines anderen, zu einem Hemmnis wird und die Freiheit verhindert – uns daran hindert, frisch und neu zu sein. Darum müssen Autorität, Anpassung und Nachahmung völlig beiseite getan werden. Sonst imitieren Sie nur, folgen dem, was gesagt worden ist, und das macht den Geist schwerfällig und stumpf. Darin liegt keine Freiheit. Ihre vergangene Erfahrung mag lenken, anweisen oder einen neuen Pfad festlegen, und auch das muß aufhören. Dann nur kann man in das eindringen, was ungewöhnlich, bedeutungsvoll und tief ist – das man Meditation nennt. Meditation ist das Wesen der Energie.

Frager: Viele Jahre lang habe ich zu vermeiden versucht, daß ich zum Sklaven der Autorität eines anderen oder einer Schablone werde. Natürlich besteht die Gefahr, sich selbst zu betrügen, doch wenn wir weitergehen, werde ich das sicherlich feststellen. Aber wenn Sie sagen, daß Meditation das Wesen der Energie ist, was meinen Sie mit den Worten Energie und Meditation?

Krishnamurti: Jede Regung des Denkens, jede Handlung erfordert Energie. Was immer Sie auch tun oder denken, es erfordert Energie, und diese Energie kann durch Konflikt, durch verschiedene Arten nutzloser Gedanken, emotionaler Strebungen und sentimentaler Aktivität verzettelt werden. Energie wird durch Konflikt verschwendet, der in der Dualität entsteht, durch das «Ich» und das «Nicht-Ich», durch die Trennung des Beobachters von dem Beobachteten, des Denkers von dem Gedanken. Wenn diese Verschwendung nicht länger geschieht, ist eine Energie da, die Bewußtheit genannt werden kann – eine Bewußtheit, in der es keine Bewertung, kein Urteil, keine Verdammung und keinen Vergleich gibt, sondern nur eine achtsame Betrachtung, ein Sehen der Dinge genau wie sie sind, sowohl innerlich wie äußerlich, ohne die Einmischung des Denkens, das die Vergangenheit ist.

Frager: Das zu verstehen finde ich sehr schwer. Wenn es überhaupt kein Denken gäbe, wäre es dann möglich, einen Baum wiederzuerkennen oder meine Frau oder meinen Nachbarn? Wiedererkennen ist doch wohl notwendig, wenn man einen Baum anschaut oder die Frau nebenan?

Krishnamurti: Ist Wiedererkennen notwendig, wenn Sie einen Baum betrachten? Wenn Sie diesen Baum anschauen, sagen Sie dann, es ist ein Baum oder schauen Sie einfach? Wenn Sie anfangen, ihn als eine Ulme zu erkennen, als eine Eiche oder als einen Mangobaum, dann mischt sich die Vergangenheit in die unmittelbare Betrachtung ein. Ebenso ist es, wenn Sie Ihre Frau anschauen. Wenn Sie sie aus der Erinnerung an Ärgernisse oder Vergnügungen betrachten, dann sehen Sie sie nicht wirklich, sondern nach dem Bilde, das Sie in Ihrem Geist von ihr haben. Das verhindert eine direkte Wahrnehmung; direkte Wahrnehmung bedarf keines Wiedererkennens. Das rein äußerliche Erkennen Ihrer Frau, Ihrer Kinder, Ihres Hauses oder Ihres Nachbarn ist natürlich notwendig, aber warum sollte sich die Vergangenheit in Augen, Geist und Herz einmischen? Wird dadurch nicht ein klares Sehen verhindert? Wenn Sie etwas verurteilen oder eine Meinung über etwas haben, entstellt diese Meinung oder dieses Vorurteil die Betrachtung.

Frager: Ja, das sehe ich ein. Diese subtile Form des Wiedererkennens entstellt wirklich; ich erkenne das. Sie sagen, daß diese Einmischungen des Denkens Energieverschwendung sind. Sie sagen, beobachten Sie ohne jedes Wiedererkennen, ohne Verdammung oder Urteil, beobachten Sie ohne Benennung, denn dieses Benennen, Wiedererkennen und Beurteilen ist Energievergeudung. Das kann logisch und aktuell verstanden werden. Dann ist da der nächste Punkt, die Trennung, die Absonderung oder vielmehr, wie Sie es häufig in Ihren Reden ausgedrückt haben, der Raum, der zwischen dem Beobachter und dem Beobachteten besteht, wodurch die Dualität erzeugt wird. Sie sagen, daß das auch Energieverschwendung sei und Konflikt hervorbringe. Ich finde alles, was Sie sagen, logisch, aber ich finde es außerordentlich schwer, diesen Raum zu beseitigen, eine Harmonie zwischen dem Beobachter und dem Beobachteten herzustellen. Wie kann das getan werden?

Krishnamurti: Es gibt kein Wie. Das Wie bedeutet ein System, eine Methode, eine Übung, und das wird mechanisch. Wir dürfen also keinen Wert auf das Wort «wie» legen.

Frager: Ist das möglich? Ich weiß, daß das Wort «möglich» eine Zukunft, eine Anstrengung in sich schließt, ein Sich-Mühen, um Harmonie zu schaffen; aber man muß bestimmte Worte gebrauchen. Ich hoffe, daß wir diese Worte hinter uns lassen können; ist es also möglich, eine Vereinigung zwischen dem Beobachter und dem Beobachteten zustandezubringen?

Krishnamurti: Der Beobachter wirft immer seinen Schatten auf das, was er beobachtet. Darum muß man die Struktur und die Natur des Beobachters verstehen und nicht, wie man die beiden vereinen kann. Man muß die Beschaffenheit des

Beobachters verstehen, und in diesem Verstehen existiert der Beobachter vielleicht nicht mehr. Wir müssen prüfen, was der Beobachter ist; er ist die Vergangenheit mit allen ihren Erinnerungen, den bewußten und den unbewußten, ihrer rassischen Erbschaft, ihren angehäuften Erfahrungen, die Wissen genannt werden, ihren Reaktionen. Der Beobachter ist in Wirklichkeit das bedingte Wesen. Er ist derjenige, der behauptet, daß er *ist,* und daß *ich bin.* Indem er sich selbst schützt, widersetzt er sich, herrscht er, sucht er Trost und Sicherheit. Der Beobachter trennt sich dann ab und hält sich für etwas anderes als das, was er innerlich oder äußerlich beobachtet. Das erzeugt eine Dualität, und durch diese Dualität entsteht der Konflikt, die Energieverschwendung. Um des Beobachters gewahr zu sein, seiner Regungen, seiner egozentrischen Aktivität, seiner Behauptungen, seiner Vorurteile, muß man alle diese unbewußten Regungen wahrnehmen, die das separatistische Gefühl aufbauen, daß er etwas anderes ist. Er muß ohne jegliche Bewertung beobachtet werden, ohne Zuneigung oder Abneigung; beobachten Sie ihn im täglichen Leben, in seinen Beziehungen. Wenn diese Betrachtung durchdringend ist, gibt es dann nicht eine Freiheit von dem Beobachter?

Frager: Sie sagen, daß der Beobachter in Wirklichkeit das Ego ist. Sie sagen, solange das Ego existiert, muß der Beobachter Widerstand leisten, muß er einteilen, trennen, denn in dieser Abspaltung, dieser Einteilung fühlt er sich lebendig. Es gibt ihm die Vitalität, sich zu widersetzen, zu kämpfen, und er hat sich an diesen Kampf gewöhnt; es ist seine Art zu leben. Sagen Sie nicht, daß sich dieses Ego, dieses «Ich» auflösen muß durch eine Beobachtung, in der es kein Gefühl von Zuneigung oder Abneigung gibt, keine Meinung, kein Urteil, sondern nur das Beobachten dieses «Ich» in der Aktion? Aber kann so etwas wirklich geschehen? Kann ich mich so vollkommen, so wahrhaftig, ohne Verzerrung betrachten? Wenn ich mich in solcher Klarheit sehe, so sagen

Sie, haben alle ichhaften Regungen aufgehört. Und Sie sagen, das sei Teil der Meditation.

Krishnamurti: Natürlich. Das *ist* Meditation.

Frager: Diese Beobachtung verlangt sicherlich ungewöhnliche Selbstdisziplin.

Krishnamurti: Was verstehen Sie unter Selbstdisziplin? Meinen Sie eine Disziplinierung, bei der das Selbst in eine Zwangsjacke gesteckt wird, oder meinen Sie, das Selbst ganz und gar kennen zu lernen – jenes Selbst, das sich behauptet, das herrscht, das ehrgeizig, gewalttätig ist und so fort – das ständige Lernen darüber? Das Lernen selbst ist Disziplin. Das Wort Disziplin bedeutet zu lernen, und wenn man lernt ohne anzuhäufen, wenn man wirklich lernt, wozu Achtsamkeit notwendig ist, erzeugt dieses Lernen seine eigene Verantwortlichkeit, seine eigene Aktivität, seine eigenen Dimensionen; dann gibt es keine Disziplin, die aufgezwungen worden ist. Wo gelernt wird, gibt es keine Nachahmung, keine Gleichschaltung, keine Autorität. Wenn Sie das mit dem Wort Disziplin meinen, dann besteht gewiß die Freiheit zu lernen.

Frager: Sie gehen zu weit mit mir voran, vielleicht zu tiefgründig, und ich kann nicht so recht mit Ihnen Schritt halten, soweit es dieses Lernen betrifft. Ich sehe sehr klar, daß das Selbst als der Beobachter ein Ende nehmen muß. Das ist durchaus logisch, und es darf keinen Konflikt geben; das ist ganz klar. Aber Sie sagen, daß dieses Beobachten Lernen ist; und im Lernen wird doch immer angehäuft; diese Anhäufung wird zur Vergangenheit. Lernen ist ein vermehrender Prozeß, aber Sie geben ihm anscheinend eine ganz andere Bedeutung. Soweit ich es verstanden habe, meinen Sie, daß Lernen eine ständige Bewegung ohne Anhäufung ist. Ist das so? Kann Lernen ohne Anhäufung sein?

Krishnamurti: Lernen ist selbst Handlung. Was allgemein geschieht, ist dieses Gelernthaben – die Menschen handeln nach dem, was sie gelernt haben. Damit ist die Trennung zwischen der Vergangenheit und der Handlung gegeben und damit ein Konflikt zwischen dem was sein sollte und dem was ist, oder dem was gewesen ist und dem was ist. Wir sagen, daß in dem Prozeß des Lernens Handlung liegen kann, das heißt Lernen ist Tun, es ist nicht so, daß man gelernt hat und dann handelt. Es ist äußerst wichtig, das zu verstehen, denn Gelernthaben und das Handeln aus dieser Anhäufung, das eben ist die Natur des «Ich», des Ego, oder welchen Namen man auch immer dafür wählen mag. Das «Ich» ist das eigentliche Substrat der Vergangenheit, und die Vergangenheit wirkt auf die Gegenwart und weiterhin auf die Zukunft ein. Darin liegt eine ständige Teilung. Wo Lernen ist, ist ständige Bewegung; da gibt es keine Anhäufung, die zum «Ich» werden kann.

Frager: Aber im technischen Bereich ist angehäuftes Wissen erforderlich. Man kann nicht über den Atlantik fliegen oder ein Auto steuern oder selbst die meisten normalen täglichen Dinge ohne Kenntnisse verrichten.

Krishnamurti: Natürlich nicht; solche Kenntnisse sind absolut notwendig. Aber wir sprechen über den psychologischen Bereich, in dem das «Ich» operiert. Das «Ich» kann technologisches Wissen benutzen, um etwas zu erreichen, eine Stellung oder Prestige; das «Ich» kann dieses Wissen in seiner Arbeit anwenden, aber wenn sich dabei das «Ich» einmischt, fangen die Dinge an schief zu gehen, denn das «Ich» sucht dann durch technische Mittel eine Vorrangstellung. So ist das «Ich» nicht nur an Kenntnissen in wissenschaftlichen Bereichen interessiert, es benutzt sie auch, um etwas anderes zu erreichen. Es ist wie bei einem Musiker, der das Klavier benutzt, um berühmt zu werden. Er ist nur an seinem Ruhm interessiert und nicht an der Schönheit der Musik an sich oder für sich. Wir behaupten nicht, daß wir vom technologischen Wissen frei sein müssen; im Gegenteil, je mehr technologisches Wissen vorhanden ist, um so besser werden die Lebensbedingungen sein. Aber in dem Augenblick, da das «Ich» dieses Wissen benutzt, nehmen die Dinge einen falschen Lauf.

Frager: Ich glaube, ich fange an zu verstehen was Sie sagen. Sie geben dem Wort Lernen eine ganz andere Bedeutung und Dimension, und das ist wunderbar. Ich beginne es zu erfassen. Sie sagen, daß Meditation eine Lernbewegung ist, und darin liegt die Freiheit, über jegliches Ding zu lernen, nicht nur über Meditation, sondern auch über die Art, wie man lebt, fährt, ißt, spricht – über alles.

Krishnamurti: Wie wir sagten, ist Meditation die Substanz der Energie. Um es anders auszudrücken – solange ein Meditierender da ist, gibt es keine Meditation. Wenn er versucht, einen Zustand zu erreichen, der von anderen beschrieben wurde oder ein Aufblitzen der Erfahrung ...

Frager: Wenn ich Sie unterbrechen darf: Sie sagen, daß Lernen stetig sein muß, ein Strömen, eine Linie ohne jeden Bruch, so daß Lernen und Handlung eines sind oder eine ständige Bewegung. Ich weiß nicht, welches Wort hier am Platze ist, aber ich bin sicher, daß Sie verstehen, was ich meine. In dem Augenblick, da ein Bruch zwischen Lernen, Handeln und Meditation besteht, bedeutet dieser Bruch Disharmonie, Konflikt. In diesem Bruch gibt es den Beobachter und das Beobachtete und damit die ganze Energieverschwendung. Wollen Sie das damit sagen?

Krishnamurti: Ja, das ist es, was wir meinen. Meditation ist kein Zustand; sie ist ein Fließen, wie es das Handeln ist. Und wie wir gerade jetzt sagten: Wenn wir die Handlung vom Lernen trennen, dann tritt der Beobachter zwischen das Lernen und die Handlung; dann wird er wichtig, dann benutzt er Handlung und Lernen mit Hintergedanken. Wenn das klar verstanden wird als eine harmonische Bewegung von Handlung, Lernen, Meditation, dann gibt es keine Energieverschwendung, und darin liegt die Schönheit der Meditation. Es gibt nur eine Bewegung. Lernen ist weit wichtiger als Meditation oder Handlung. Für das Lernen muß vollkommene Freiheit da sein, nicht nur bewußt, sondern tief innen – eine totale Freiheit. Und in der Freiheit liegt diese Bewegung des Lernens, Handelns, Meditierens als ein harmonisches Ganzes. Dieses Ganze bedeutet nicht nur Gesundheit, sondern das Heilige. So ist Lernen heilig, Handeln ist heilig, Meditation ist heilig. Es ist wahrhaft etwas Erhabenes, das die Schönheit in sich trägt – sie ist nicht abseits davon.

ENDE DES DENKENS

Frager: Ich frage mich, was Sie wirklich mit dem Aufhören des Denkens meinen. Ich sprach mit einem Freund darüber, und er sagte, das sei eine Art orientalischen Unsinns. Für ihn ist das Denken die höchste Form der Intelligenz und der Handlung, das Salz des Lebens, unentbehrlich. Es hat die Zivilisation geschaffen, und jede Beziehung basiert darauf. Wir alle akzeptieren das, vom größten Denker bis zum einfachsten Arbeiter. Wenn wir nicht denken, schlafen wir, vegetieren wir oder träumen in den Tag hinein; wir sind geistlos, stumpf und unproduktiv. Wenn wir hingegen wach sind, dann denken, handeln, streiten wir, sind lebendig. Das sind die beiden einzigen Zustände, die wir kennen. Sie sagen: Gehen Sie über beide Zustände hinaus – jenseits des Denkens und der geistlosen Untätigkeit. Was meinen Sie damit?

Krishnamurti: Sehr einfach ausgedrückt ist das Denken die Reaktion der Erinnerung, ist Vergangenheit. Die Vergangenheit umfaßt eine Unendlichkeit oder die vergangene Sekunde. Wenn das Denken handelt, ist es die Vergangenheit, die als Erinnerung, als Erfahrung, als Wissen handelt. Alles Wollen ist Wünschen, das auf dieser Vergangenheit basiert und dem Vergnügen zugewandt ist oder dem Vermeiden des Schmerzes. Wenn das Denken in Funktion tritt, ist es Vergangenheit, darum liegt darin überhaupt kein neues Leben. Es ist die Vergangenheit, die in der Gegenwart lebendig ist, sich selbst und die Gegenwart modifizierend. Darum gibt es in einem Leben dieser Art nichts Neues, und wenn etwas Neues gefunden werden soll, darf es keine Vergangenheit geben, darf der Geist nicht mit Gedanken, Furcht, Vergnügen und anderen Dingen vollgestopft sein. Nur wenn der Geist nicht damit angefüllt ist, kann das Neue entstehen, und darum sagen wir, daß das Denken still sein muß und nur operieren darf, wenn es notwendig ist – objektiv und wirkungsvoll. Alles Fortbestehen ist Denken; wenn Fortdauer da ist, gibt es nichts Neues. Sehen Sie ein, wie wichtig das ist? Es ist wirklich eine Frage des Lebens selbst. Entweder leben Sie in der Vergangenheit oder Sie leben völlig anders: das ist alles!

Frager: Ich glaube zu erkennen, was Sie meinen, aber wie in aller Welt soll man dieses Denken beenden? Wenn ich der Amsel lausche, sagt mir der Gedanke augenblicks, daß es die Amsel ist; wenn ich die Straße hinuntergehe, sagt mir der Gedanke, daß ich die Straße hinuntergehe und erzählt mir alles, was ich wahrnehme und sehe; wenn ich mit der Vorstellung des Nicht-Denkens spiele, ist es wiederum der Gedanke, der dieses Spiel treibt. Jede Meinung und Einsicht und jede Kommunikation ist Denken. Selbst wenn ich nicht mit einem anderen Gedanken austausche, tue ich es mit mir selbst. Wenn ich wach bin, denke ich, wenn ich einschlafe, denke ich, die ganze Struktur meines Seins ist Denken. Seine Wurzeln liegen weit tiefer als ich weiß. Alles was ich denke und tue und alles was ich bin ist Denken; der Gedanke erzeugt Lust und Leid, Gelüste, Sehnsüchte, Vorsätze, Entscheidungen, Hoffnungen, Ängste und Zweifel. Der Gedanke begeht Mord, und der Gedanke vergibt. Wie kann man nun darüber hinausgelangen? Ist es nicht wieder der Gedanke, der darüber hinauszugelangen sucht?

Krishnamurti: Wir sagten beide, wenn das Denken still ist, kann etwas Neues sein. Uns beiden war dieser Punkt klar, und ihn völlig zu verstehen bedeutet das Ende des Denkens.

Frager: Aber dieses Verstehen ist auch Denken.

Krishnamurti: Ist es das? Sie behaupten, daß es Denken sei, aber ist es tatsächlich so?

Frager: Es ist eine geistige Bewegung von Bedeutung, eine Kommunikation mit sich selbst.

Krishnamurti: Wenn es eine Kommunikation mit sich selbst ist, ist es Denken. Aber ist Verstehen eine bedeutsame geistige Bewegung?

Frager: Ja, sie ist es.

Krishnamurti: Die Bedeutung des Wortes und das Verstehen dieser Bedeutung ist Denken. Das ist im Leben notwendig, wo das Denken zweckvoll funktionieren muß. Es ist eine technologische Angelegenheit. Aber das fragen Sie nicht. Sie fragen, wie das Denken, das der Ihnen bekannte Ablauf des Lebens ist, aufhören kann. Kann es nur enden, wenn Sie sterben? Das ist Ihre wirkliche Frage, nicht wahr?

Frager: Ja.

Krishnamurti: Das ist die richtige Frage. Sterben Sie! Sagen Sie sich los von der Vergangenheit, von der Tradition.

Frager: Aber wie?

Krishnamurti: Das Gehirn ist der Ursprung des Denkens. Das Gehirn ist Materie, und Denken ist Materie. Kann das Gehirn – mit allen seinen Reaktionen und seinen unmittelbaren Antworten auf jede Herausforderung und jedes Verlangen –, kann dieses Gehirn ganz still sein? Es handelt sich nicht darum, das Denken zu beenden, sondern ob das Gehirn vollkommen still sein kann. Kann es mit voller Kapazität handeln, wenn es nötig ist und sonst still sein? Dieses Schweigen ist kein physischer Tod.

Sehen Sie doch, was geschieht, wenn das Gehirn vollkommen still ist!

Sehen Sie, was dann geschieht.

Frager: In dieser Umgebung gab es eine Amsel, den grünen Baum, den blauen Himmel, den Mann, der nebenan hämmert, das Geräusch des Windes in den Bäumen und meinen eigenen Herzschlag, die völlige Ruhe des Körpers. Das ist alles.

Krishnamurti: Wenn es ein Wiedererkennen des Amselgesanges war, dann war das Gehirn aktiv, hat interpretiert. Es war nicht still. Das verlangt wirklich eine gewaltige Wachheit und Disziplin, eine Wachsamkeit, die ihre eigene Disziplin erzeugt, nicht aufgebürdet oder zustande gebracht durch unseren unbewußten Wunsch, ein Resultat oder eine angenehme neue Erfahrung zu erlangen. Darum muß das Denken während des Tages zweckvoll, gesund operieren und zudem auf sich selbst achtgeben.

Frager: Das ist leicht, aber wie soll man darüber hinausgelangen?

Krishnamurti: Wer stellt diese Frage? Ist es der Wunsch, etwas Neues zu erfahren oder ist es ein Forschen? Wenn es ein Erforschen ist, dann müssen Sie den ganzen Bereich des Denkens erforschen und untersuchen und völlig vertraut damit sein, alle seine Tricks und Finessen kennen. Wenn Sie das getan haben, werden Sie wissen, daß die Frage, wie man über das Denken hinausgelangen kann, wertlos ist. Über das Denken hinauszugelangen, heißt zu wissen, was das Denken ist.

DER NEUE MENSCH

Frager: Ich bin Reformer, ein Sozialarbeiter. Da ich die außerordentliche Ungerechtigkeit in der Welt sehe, habe ich mein ganzes Leben der Reform gewidmet. Ich war Kommunist, aber ich kann dem Kommunismus nicht mehr folgen; er ist zur Tyrannei geworden. Nichtsdestoweniger habe ich mich weiterhin der Aufgabe zugewandt, die Gesellschaft zu reformieren, so daß der Mensch in Würde, Schönheit und Freiheit leben und das Potential realisieren kann, das die Natur ihm offensichtlich gegeben hat und um das er seine Mitmenschen ständig bestohlen zu haben scheint. In Amerika gibt es eine gewisse Freiheit, obgleich dort Normung und Propaganda sehr stark sind – alle Massenmedien üben einen gewaltigen Druck auf den Menschen aus. Es scheint, daß der Einfluß des Fernsehens, dieses mechanischen Instrumentes, das der Mensch erfunden hat, seine Persönlichkeit, seinen Willen, seine eigene Triebkraft entwickelt hat; und obgleich wahrscheinlich niemand – vielleicht nicht einmal irgendeine Gruppe – es bewußt benutzt, um die Gesellschaft zu beeinflussen, formt ihr Trend die Seelen unserer Kinder. Und das ist in allen Demokratien das gleiche, wenn auch in unterschiedlichem Maß. In China scheint es überhaupt keine Hoffnung mehr für die Würde oder die Freiheit des Menschen zu geben, während in Indien die Regierung schwach, korrupt und wirkungslos ist. Mir scheint, daß die soziale Ungerechtigkeit in der Welt absolut geändert werden muß. Ich wünsche leidenschaftlich, etwas dafür zu tun, doch weiß ich nicht, wo ich anfangen soll, es in Angriff zu nehmen.

Krishnamurti: Reform benötigt weitere Reform, und das ist ein endloser Prozeß.

Darum wollen wir es anders betrachten. Lassen Sie uns den ganzen Reformgedanken beiseite tun; wir wollen ihn aus unserem Blut tilgen. Lassen Sie uns diese Wunschvorstellung, die Welt zu reformieren, völlig vergessen. Dann wollen wir jetzt, im Augenblick, sehen, was geschieht, und zwar überall in der Welt. Politische Parteien haben immer ein begrenztes Programm, das, selbst wenn es erfüllt wird, ausnahmslos Unheil mit sich bringt, das dann wiederum korrigiert werden muß. Wir sprechen immer von politischen Handlungen, als seien sie von größter Bedeutung, aber sie führen zu nichts. Wir wollen das aus unserem Geist entfernen. Alle sozialen und wirtschaftlichen Reformen fallen unter diese Kategorie. Dann gibt es das religiöse Schema der Handlungen, das auf Glauben, Idealismus, Dogmatismus, auf der Anpassung an sogenannte göttliche Rezepte basiert. Darin liegt Autorität und Hinnahme, Gehorsam und die absolute Verneinung der Freiheit. Obgleich die Religionen vom Frieden auf Erden sprechen, tragen sie zur Unordnung bei, weil sie ein Faktor der Trennung sind. Auch die Kirchen haben in Krisenzeiten immer eine politische Haltung eingenommen, darum sind sie in Wirklichkeit politische Körperschaften, und wir haben gesehen, daß jede politische Aktion entzweiend ist. Die Kirchen haben den Krieg niemals wirklich verneint: im Gegenteil, sie haben Krieg geführt. Wenn man also die religiösen Rezepte beiseite legt, wie man das auch mit den politischen Formeln tut – was bleibt übrig, und was soll man tun? Natürlich muß zivile Ordnung aufrechterhalten werden; Sie müssen Wasser in der Leitung haben. Wenn Sie die zivile Ordnung zerstören, müssen Sie wieder von vorne beginnen. Was also soll man tun?

Frager: Das ist es, was ich in Wirklichkeit frage.

Krishnamurti: Beschäftigen Sie sich mit der radikalen Änderung, mit der totalen Revolution! Die einzige Revolution ist die von Mensch zu Mensch, zwischen den menschlichen Wesen. Das allein geht uns an. In dieser Revolution gibt es keine Pläne, keine Ideologien, keine begrifflichen Utopien. Wir müssen die aktuellen Beziehungen zwischen den Menschen als Tatsache nehmen und diese radikal verwandeln. Darauf kommt es in Wirklichkeit an. Und diese Revolution muß augenblicklich geschehen, wir dürfen uns damit keine Zeit lassen. Sie wird nicht durch Evolution erreicht, die Zeit ist.

Frager: Was sagen Sie da? Alle historischen Änerungen haben in der Zeit stattgefunden; keine von ihnen ist augenblicklich gewesen. Sie schlagen etwas völlig Unvorstellbares vor.

Krishnamurti: Wenn Sie sich Zeit lassen, um zu verwandeln, nehmen Sie dann an, daß das Leben pausiert während der Zeit, die für die Verwandlung erforderlich ist? Es pausiert nicht. Alles, was Sie zu verwandeln versuchen, wird ständig durch die Umwelt, durch das Leben selbst modifiziert und fortgesetzt. So gibt es kein Ende dafür. Es ist so, als versuche man, das Wasser in einem Tank zu reinigen, der ständig mit schmutzigem Wasser aufgefüllt wird. Also scheidet die Zeit aus.

Nun, wodurch wird diese Verwandlung bewirkt? Es kann nicht Wille oder Entschluß oder Auswahl oder Wunsch sein, weil diese alle Teil dessen sind, das verwandelt werden muß. Darum müssen wir fragen, was augenblicklich möglich ist – ohne die Handlung des Willens und des Geltungsanspruchs, was immer eine Konflikthandlung ist.

Frager: Gibt es eine Handlung, die nicht Handlung des Willens und des Geltungsanspruchs ist?

Krishnamurti: Anstatt diese Frage zu stellen, wollen wir noch tiefer eindringen. Wir wollen einsehen, daß es in Wirklichkeit *nur* die Handlung des Willens und der Selbstbehauptung ist, die überhaupt der Verwandlung bedarf, weil das einzige Unglück in den menschlichen Beziehungen der Konflikt ist – zwischen den Individuen oder im einzelnen Menschen selbst –, und Konflikt *ist* Wille und Selbstbehauptung. Ohne eine solche Handlung zu leben bedeutet nicht, daß wir wie

Pflanzen leben. Der Konflikt beschäftigt uns am meisten. Die vielen sozialen Krankheiten, die Sie erwähnten, sind die Projektion dieses Konfliktes im Herzen eines jeden Menschen. Die einzig mögliche Verwandlung ist eine radikale Umbildung des Menschen in allen seinen Beziehungen – nicht in einer nebelhaften Zukunft, sondern jetzt!

Frager: Aber wie kann ich diesen Konflikt völlig in mir auslöschen, diesen Widerspruch, diesen Widerstand, dieses Bedingtsein? Intellektuell verstehe ich, was Sie meinen, aber verwandeln kann ich mich nur, wenn ich es leidenschaftlich empfinde, und ich empfinde es nicht leidenschaftlich. Es ist nur eine Idee für mich; ich sehe es nicht mit meinem Herzen. Wenn ich nach diesem intellektuellen Verständnis zu handeln versuche, komme ich mit einem anderen, tieferen Teil meiner selbst in Konflikt.

Krishnamurti: Wenn Sie wirklich diesen Widerspruch inbrünstig sehen, dann ist diese Wahrnehmung die Revolution. Wenn Sie in sich selbst diese Trennung zwischen Geist und Herz wahrnehmen, sie tatsächlich sehen, sie sich nicht theoretisch vorstellen, sondern sie sehen, dann hört das Problem auf. Ein Mensch, der hinsichtlich der Welt und der Notwendigkeit ihrer Wandlung voller Leidenschaft ist, muß frei sein von politischer Aktivität, religiöser Anpassung und Tradition – das bedeutet, frei sein von dem Gewicht der Zeit, frei von der Last der Vergangenheit, frei von allen Willenshandlungen: das ist der neue Mensch. Das allein ist die soziale, innere und sogar die politische Revolution.

Sven Jaeggi

WELTBILD 2000

Der Autor entfaltet eine weite Schau der Wirklichkeit, wie sie sich Denkern unserer Zeit zur Jahrtausendwende darbietet. Wissenschaften und Religionen versuchen, die Wirklichkeit zu verstehen. Sie blicken dabei in verschiedene Richtungen, und ihr scheinbar so unvereinbares Verständnis entspricht ihrem unterschiedlichen Bewusstseinszustand. Der Autor, der sich über Jahrzehnte in gleicher Weise mit westlicher Wissenschaft wie östlicher Weisheit befasste, vermag aufzuzeigen, dass bei aller Vielfalt der Auffassungen und Bemühungen immer die gleiche letzte - oder erste - Wirklichkeit des Seienden und Seiens verborgen liegt und angestrebt wird. Seine Bilanz zur Jahrtausendwende unterscheidet sich insofern von vielen andern Versuchen zur gleichen Thematik, als der Autor sich nicht anmasst "Akzeptables" von "Nichtakzeptablem" zu trennen, was ja immer zu Subjektivität, Widersprüchen und Teilwahrheiten führen muss. Vielmehr lässt Jaeggi Platz für alle Aspekte der einen Wirklichkeit. Der Grundgedanke dieser integrierenden (nicht spaltenden) Logik ist Urweisheit aller grossen Denker und steckt auch in Karl Poppers Prinzip der "Falsifizierbarkeit" als Weg der Wahrheitsfindung.

J.Trittenbass

Mein Gott - wo hast du nur deinen Himmel ?

Ob man den Menschen als Ergebnis der Evolution oder eines Schöpfungsaktes betrachten will, ist letztlich Glaubenssache. Beim heutigen Stand unseres Wissens greift ein wissenschaftlicher Fundamentalismus ebenso zu kurz wie der religiöse. Die offenen Fragen beziehen sich nicht auf das Leiblich-Materielle sondern auf den Geist. Weder will der autonome Denker Trittenbass hier die Existenz Gottes "wissenschaftlich " beweisen, noch Übersinliches - ein "Wissen der Seele" als persönliche innere Ahnung oder Intuition - verstandesmässig in Worte fassen. Die Frage des Buchtitels enthält auch die Kern- und Sinnfrage: Warum denn hat die Natur, als das materiell Seiende, den Menschen hervorgebracht, der aus ihr fragend-reflektierend heraustritt und sie als Schöpfung zu erkennen vermag ? Mit Heidegger weiss er sich eins, dass "das Vergängliche nicht der Grund des Ewigen sein kann", und mit dem Johannes-Evangelium, dass "den göttlichen Weltengrund nie ein Mensch mit Augen gesehen hat" (Joh.1,18).